AF240893

Le coran et la chair

LUDOVIC-MOHAMED ZAHED

LE CORAN ET LA CHAIR

Max Milo

© Max Milo Éditions, Paris, 2012
www.maxmilo.com
ISBN : 978-2-31500-348-8

Je dédie ce livre au témoignage de l'amour de toutes ces femmes de ma famille, et aux hommes aussi, qui auront contribué à faire de moi celui que je pense être en devenir. Merci à ma mère qui aura tant aimé ses enfants qu'elle en est sans doute une *mushrikat* – une idolâtre – et sans qui nous ne serions pas ceux que nous sommes ; à ma sœur adulée, si belle et si humaine, à mes oncles, mes tantes, mes grands-mères, mon grand-père et à mon arrière-grand-mère ; merci à mon père qui me dit pour la première fois, alors que j'étais perché sur le toit du monde, « je t'aime, je suis fier de toi, je te soutiendrai jusqu'au bout ». Je consacre enfin ce livre à tous les homosexuels musulmans qui sont sur le point, je l'espère, de trouver la voie qui les mènera à la libération de leurs souffrances.

Partie I – ASTROLAB

Traditions arabo-musulmanes en héritage

« Si l'être humain est l'astrolabe divin,
il faut un astronome pour connaître l'astrolabe. »[1]

Al-athan, l'appel à la prière du muezzin, me réveille peu avant l'aube, comme chaque jour. Il est six heures du matin. Ma grand-mère est déjà à ses invocations soufies[2] qu'elle prononce tous les jours avant le lever du soleil. Je me prépare. Ce matin aussi, comme chaque matin lorsque je suis en vacances dans ma famille à Alger, je retrouverai mon bien-aimé frère de religion Djibril à la mosquée du quartier de la Scala. C'est là qu'habitent mes grands-parents paternels, près d'El-Biar, sur les hauteurs de la capitale Al-Baïdha – Alger la Blanche. C'est ici que j'ai vu le jour, à Alger ; une ville que j'ai quittée à l'âge de

____

1. Rumi et Vitray-Meyerovitch (Eva), *Le Livre du dedans : Fîhi-mâ-fîhi*, Paris, Actes Sud, 2010.
2. Le soufisme est une quête ontologique et religieuse dans l'Islam spirituel, mystique, et ascétique de l'islam.

deux ans à peine, avant de faire un court passage par Tunis. Mes parents finiront par nous installer à Paris, dans la partie populaire du 17e arrondissement – entre la porte de Saint-Ouen et la place de Clichy –, où j'ai passé le plus clair de mon enfance et de mon adolescence. Ce qui ne m'a pas empêché d'entretenir un lien fort et inoxydable avec une Afrique du Nord que je visitais plusieurs fois par an. Après mes dix ans pourtant, j'ai commencé à me poser de nombreuses questions quant à mon identité : l'islam, l'Algérie, la France, la sexualité, les garçons... Enfant, je fus bercé par les histoires des *Mille et une nuits* contées par mon arrière-grand-mère, au coin du poêle lorsqu'il faisait froid l'hiver à Alger. Je rêvais également d'un arbre généalogique familial qui remonterait, indirectement, jusqu'à la dynastie des Safavides – les restaurateurs de la tradition persane authentique. Je rêvais de notre ancêtre qui fut alors nommé Zahed, ce qui veut dire tout à la fois ascète, persévérant, opiniâtre, obstiné et dévoué à Dieu.

L'un de nos aïeux aurait en effet quitté l'Iran pour s'installer au Maghreb dans un petit village de pêcheurs, aux pieds des montagnes de la Kabylie toute proche. Une contrée inondée toute l'année de soleil et bercée par les flots turquoise de la mer Méditerranée. Les ruelles étroites entre des maisons aux murs tout de blanc immaculés : ici, tous les chemins mènent à cette immensité bleue, hypnotique ! Mon aïeul finira par « prendre femme », comme l'on disait à l'époque, et avec elle ils s'installeront dans la casbah de la plus grande ville du Maghreb : Alger la Blanche, où mon grand-père est né. C'est en 1980, plusieurs décennies plus tard, que mes parents prendront la mer afin de continuer d'écrire l'aventure de notre lignée. Je grandirai dans la grisaille parisienne, bien loin de tous ces rêves de mon enfance ; bien loin que j'étais de m'imaginer tout l'envers d'un décor présenté comme idyllique, paradisiaque.

Mon premier contact fracassant avec ce que l'on pourrait nommer la « masculinité toute-puissante »[3] a été ma relation avec mon frère aîné. Ce dernier prenait notre héritage culturel au pied de la lettre, et ça l'arrangeait bien. Il me brisait le nez, la mâchoire, me faisait régulièrement les yeux au beurre noir tout en me disant : « Ça t'apprendra à être un homme. » Il avait honte de son frère « malade » et efféminé. Je savais bien de quoi il s'agissait : « Je suis entre les deux : un peu une fille, un peu un garçon » ; c'est ce que je me suis répété à partir de l'âge de huit ans, le soir, en jouant avec mes legos ou mes playmobils.

Enfant, ce statu quo me convenait parfaitement, si l'on peut dire. Pourtant, à l'adolescence, j'ai ressenti trois difficultés majeures à définir *complètement* mon identité. La première a été de me définir par rapport à mon appartenance ethnique. Mes parents sont parfaitement francophones ; ils sont nés à Alger sous le drapeau français, ils ont été éduqués par les pères blancs en tant qu'« indigènes » d'une république aux ancêtres gaulois ; inscrits dans une école catholique, ils allaient à l'église

---

3. Behbahani (Soraya), *Ce genre qui dérange : Gender that Matters*, Paris, Téraèdre, 2010.

le dimanche, bien qu'ils soient musulmans. Pour mes parents, paradoxalement puisqu'ils ont vécu plus longtemps en France métropolitaine que dans leur propre pays d'origine, il n'y avait aucun souci à se définir en tant qu'Algériens avant tout. Pour moi, les choses ont été bien plus compliquées. L'autre difficulté identitaire a été celle liée à ma spiritualité, à mon besoin de « transcendance ». Mes parents voulaient que je sois comme eux, « moderne ». Par ailleurs, je ne leur posais aucun souci ; pourtant sur ce point bien précis, ils ne supportaient pas de voir leur fils devenir chaque jour un peu plus renfermé sur ses soi-disant certitudes métaphysiques. La dernière difficulté, mais aussi la plus lourde à porter, a donc été de me définir par rapport à ma sexualité : étais-je une fille ou un garçon ? Je n'avais pas le choix, on m'a demandé de me définir, je devais masculiniser mon attitude, ma posture ; c'était une période traumatisante à plus d'un égard. Puis est venu le temps où j'ai fini par me couper en grande partie de ma famille. Je m'en étais trouvé une autre, celle des salafistes à Alger. Pourtant, même si la plupart d'entre eux m'accueillirent comme un frère, nombreux sont ceux qui passaient leurs journées à épier mes moindres gestes qui n'étaient pas assez « masculins », trop « anormaux » à leur goût.

C'est Djibril, mon frère et en quelque sorte maître spirituel, qui fut de moi le plus proche, au grand dam du reste de notre confrérie. Je l'ai rencontré vers mes douze ans. Il avait neuf ans de plus que moi ; je ressentirai pour lui, au fur et à mesure, plus qu'une simple amitié, une véritable attirance sentimentale et charnelle. Il a parachevé de m'apprendre à faire la prière rituelle, conformément à la sunna du prophète Mahomet[4] – *imitatio prophetae* –, « comme si tu le voyais », me disait-il ; « c'est la voie d'accès à la perfection spirituelle ». Oui, il faut prier et jeûner comme s'il était à nos côtés. Et en effet, à bien des égards pour moi, Djibril, sa noblesse de caractère, son port altier et ses cheveux noir karakul, était comme l'un des compagnons du Prophète ; il a rapidement occupé une place centrale lors de mes vacances en Algérie, puis dans ma vie de manière générale. Lorsque j'étais à Paris, je l'appelais une vingtaine de minutes par semaine. À Alger, je logeais chez mes grands-mères. Je passais en général mes journées avec Djibril : l'hiver à même le sol glacial de la mosquée de quartier, à étudier la religion et à nous émerveiller de la création de notre seigneur Allah ; l'été à la plage, de temps en temps, avec les autres frères. Nous passions ensemble une nuit sur deux. Je dormais sur le lit de son frère cadet. Parfois nous passions la nuit chez un frère, après avoir passé la soirée à boire du thé et à discuter. La plupart des frères étaient plus âgés que moi ; ils me traitaient comme leur égal, avec ceci de diffé- rent tout de même que pour eux j'étais un *zmigré* – un « émigré ». Ils me taquinaient souvent avec ça ; j'étais un peu leur fierté, leur mascotte. Lorsque nous étions ensemble, tout de blanc vêtu, nous partagions tout. Djibril et moi, lorsque nous étions avec « la bande », dormions côte à côte, main dans la main, front contre front avec un

---

4. Sur lui la bénédiction et la paix.

ouhibouka fi Allah[5] en guise de bonne nuit. Nous nous levions avant l'aube afin de faire la prière du *sobh*[6] à la mosquée ; puis nous restions là à réciter le Coran jusqu'au lever du soleil. C'est ainsi que, cinq années durant, j'ai pu apprendre la moitié du Coran par cœur, en arabe. J'étudiais également la science des hadiths, les traditions orales du prophète Mahomet ; mais aussi l'exégèse du Coran, ou encore la métaphysique islamique : la vie des anges, l'ordonnancement des sept cieux, la succession des prophètes d'Israël et ceux des autres peuples de Dieu, jusqu'à l'avènement du sceau de la prophétie. Mais Djibril m'apprenait également comment agir de manière plus « masculine » – *al-roudjouliyat.* Il fallait que je me tienne droit, le torse bombé, les jambes écartées ; que je parle d'une voix posée, que les gestes de mes mains aient de l'ampleur, les doigts écartés, sans casser le poignet : « Comme ça... Pas comme ça », me disait-il en ajoutant la gestuelle à la parole.

Lorsque j'étais à Alger, j'assistais à plusieurs cours de religion par semaine. Djibril m'accompagnait lorsqu'il ne travaillait pas ; il était gérant d'une *maktabat `ilmiyat*[7]. Nous allions à pied souvent depuis la Scala jusqu'aux « portes de la rivière » – Bâb El-Oued ; le quartier le plus islamisé de la capitale. Tous les vendredis, nous montions ensemble jusqu'à Hydra – le quartier des ambassades, le plus chic de tout Alger –, où se trouvait la mosquée

---

5. « Je t'aime » en Allah.
6. L'équivalent des matines pour les chrétiens.
7. Une librairie islamique.

du quartier la Colonne. Cette mosquée était le point de ralliement de tous les salafistes, qui ne se reconnaissaient pas dans les thèses djihadistes – et plus tard ouvertement violentes – du FIS : le Front islamique du salut.

J'avais fréquenté, un temps, les mosquées du FIS avec mes oncles maternels notamment. Nous allions prier, sous un soleil de plomb, dans les quartiers chauds de la capitale, afin d'entendre les prêches enflammés des vendredis qui finissaient parfois en émeutes populaires, où nous risquions nos vies. J'ai assez rapidement compris toutefois que cette voie-là n'était pas pour moi. Je me souviens encore de ce déjeuner d'après la prière du vendredi où, malgré mes douze ans, je confierai à mon oncle que, selon moi, ni la vie ni la quête spirituelle qui est dans le cœur ne sont faites pour cela. Pour ces autres islamistes nous étions dorénavant, Djibril et moi-même, des *bardeen* – « froids » ; nous n'avions pas assez de sang chaud en nous pour prendre les armes. Je vous parle d'une époque, au début des années quatre-vingt-dix, où l'Algérie était encore un « paradis » socialiste, égalitaire – du moins en ce qui concernait l'immense masse populaire –, plutôt pauvre et où personne n'entendait parler de vol, de viol et encore moins de meurtres ou de massacres de masse, perpétrés par d'obscures milices étonnamment bien armées dans un pays pourtant aussi policé. C'était l'époque qui a précédé de peu l'embrasement d'une guerre civile au milieu des années quatre-vingt-dix, qui fera plusieurs centaines de milliers de morts parmi les civils algériens.

Traditions arabo-musulmanes en héritage

Je sais aujourd'hui que j'ai apprécié ces moments plus que tout autre moment de ma vie, justement parce que je les vivais avec Djibril. Je sais aussi que si j'ai accepté d'être traité, plus tard, comme un paria parmi ces salafistes, c'est aussi parce que j'avais une image et une estime de moi-même fortement dépréciées. J'avais passé mon enfance avec un père qui me disait que je n'étais qu'une « femmelette, une gonzesse, un pleurnichard » ! Mon père me répétait régulièrement, devant toute la famille, qu'il préférerait me « casser les reins et m'enterrer vivant plutôt que de [me] voir devenir comme "ça" ». Mon père n'a pourtant jamais été violent physiquement avec moi, et à sa façon toute maladroite et machiste, il a tenté de m'éduquer, de m'élever. À l'âge de vingt et un ans, lorsque je réunirai la famille pour leur annoncer mon homo-sexualité, pour ne plus avoir à subir cette pression folle, qui toute mon adolescence me donnera des cauchemars en me réveillant la nuit en sanglots, eh bien ce jour-là mon père et ma sœur cadette seront mon seul soutien : « Il est comme "ça", on a compris. Maintenant il faut l'accepter comme il est », leur dira mon père, en s'adressant à ma mère en larmes et à mon frère aîné en furie, qui mettra des années avant d'accepter mon homosexualité.

Je pense être devenu un homme, même selon les critères machistes de mon pays d'origine – sont-ils si éloignés des critères machistes français, encore trop souvent sexistes et homophobes ? Aujourd'hui, tout le monde sait, même si je n'éprouve pas le besoin d'en parler ouvertement avec tous, celui que je suis, l'homme que je suis. J'ai l'impression, je pense à juste titre, d'avoir bataillé plus que d'autres pour en arriver là où j'en suis aujourd'hui[8]. Le jour où, adulte, je me suis enfin dressé devant mon frère, après une énième dispute, en plongeant mon regard dans ses yeux, où il ira s'asseoir sans demander son compte, ce jour-là, je suis devenu un homme, totalement. Jamais plus mon frère ni aucun autre « frère » musulman, ni aucune autre « figure du père », ne pourra se permettre de m'ostraciser sans que je ne réagisse en adulte, et non plus en enfant ayant intériorisé ces normes d'infériorisation, de domination liée au genre et à la sexualité, de déshumanisation traditionnelle, qui consistent à considérer que les gens « comme moi » sont des sous-hommes, faibles, qu'ils ne doivent pas avoir accès au sacro-saint pouvoir, que l'on doit les tolérer, à la rigueur ne pas trop les violenter, mais ne jamais, au grand jamais, les accepter comme des égaux. Aujourd'hui, le petit enfant naïf et un peu honteux de certains aspects de sa personnalité a grandi, et il pense être en pleine possession de ses moyens. Est-ce un crime que d'avoir aimé si fort mon frère et bien-aimé ? Suis-je le seul à être à la fois musulman et attiré par mon frère ?

---

8. J'ai été contaminé par le virus du VIH/sida à l'âge de dix-neuf ans ; je raconte cette histoire-là dans mon livre intitulé *Révoltes extraordinaires : un enfant du sida autour du monde* (2011). Un descriptif du livre ainsi qu'un documentaire de vingt-six minutes qui lui sont associés et disponibles en ligne sur le site de l'association des Enfants du sida que j'aifondée il y a quelques années : http://www.tourdumondedesorphelins.com/TDMES-enfants-du-sida-docu-aids-children.html

Traditions arabo-musulmanes en héritage

En quoi est-ce un crime que de jouir des plaisirs charnels dont Dieu nous a dotés ?

Islam en arabe, cela veut dire « paix ». Plus précisément, selon une interprétation assez moderne, ce terme pourrait faire référence à un processus en devenir d'apaisement des *représentations* liées à notre humanité. À travers certaines publications du collectif citoyen des homosexuel(le)s musulman(e)s de France, l'association HM2F, j'ai tenté de montrer d'un point de vue historique et religieux que l'homosexualité, ou la féminité de certains hommes, n'étaient pas violemment condamnées ou rejetées en tant que telles aux premiers siècles de l'islam. Bien au contraire, cette féminité semble avoir été tolérée, parfois même valorisée de manière implicite et sous-entendue, au sein d'un monde arabo-musulman, jusqu'avant l'ère moderne, au XIXe siècle, relativement inclusif. J'ai également tenté de déterminer, d'un point de vue plus anthropologique et psychosocial, si cette recrudescence de l'homophobie au sein du monde arabo-musulman est liée, d'une façon ou d'une autre, à un rejet plus profond d'une certaine expression de la féminité. Une féminité qui serait dénigrée en raison de son association intrinsèque à une passivité dans une certaine mesure coupable, parce que considérée comme une faiblesse, en ces temps où certains musulmans pensent, à tort ou à raison, que l'islam est attaqué de toute part.

Le rejet par les dogmatiques religieux d'une féminité, trop visible selon eux dans l'espace public, exprimée par les femmes mais également par certains hommes sexuellement « pénétrés », est l'une des raisons pour lesquelles nous avons créé, entre autres, le groupe Femmes et Féminités[9] au sein du collectif citoyen HM2F. Loin de nous l'idée de créer un « ghetto » pour femmes au sein de l'association : c'est tout l'inverse. Nous sommes partis du principe que l'homophobie est tout autant, si ce n'est plus, une tentative d'imposer un modèle hégémonique, patriarcal et hétérocentré[10], que le rejet d'une féminité de plus en plus ouvertement assumée par certaines femmes en général, et par certains hommes en particulier : les homosexuels. Ce serait là un rejet – ou une forme de castration, selon certains psychanalystes notamment – de la féminité qui s'exprime d'autant plus clairement dans des milieux familiaux considérés, à tort ou à raison, comme machistes – littéralement, qui sont *imaginés élaborés autour de la dynamique du mâle*. L'homophobie serait par conséquent, au moins en partie si ce n'est principalement, une dysphorie[11] liée à la représentation que certains dogmatiques, machistes et conservateurs, ont d'eux-mêmes et des autres. Car même si *Islam*, en

---

9. Les comptes-rendus du groupe FF des HM2F sont disponibles en ligne : http://www.homosexuels-musulmans.org/compte_rendu_FF.html

10. Le professeur Scott Kugle, dans son livre intitulé *Homosexuality in Islam* paru en 2010 aux Éditions Oneworld, définit ainsi le patriarcat : « C'est l'idéologie qui institue la domination des mâles hétérosexuels aînés sur tous les autres, en particulier sur les femmes quel que soit leur âge, les hommes plus jeunes, ainsi que les mâles appartenant à une minorité qui refuse les rôles patriarcaux qui renforcent le pouvoir masculin. »

11. Une perturbation, un sentiment déplaisant.

arabe, veut littéralement dire « être en paix », force est de constater pourtant que bon nombre de musulmans dogmatiques ne le semblent pas avec la représentation qu'ils ont de la féminité. Le corps féminin devrait être voilé, impénétrable au regard de l'inconnu. Alors même que des théologiens musulmans de France réaffirment à qui veut bien l'entendre que le voile n'est pas une pratique islamique immuable, que cette pratique ne fait pas partie des fondements mêmes de l'islam ; que le voile était une pratique particulière, déjà à l'époque des premiers musulmans, qu'elle n'aurait plus de sens dans notre contexte géopolitique actuel, ici en France au XXIe siècle[12]. Pourquoi alors une telle fixation liée à l'image de la femme ? Quant à l'homosexualité, alors même qu'elle n'est condamnée nulle part, ni dans le Coran, ni dans la sunna[13], et que l'hétérosexualité n'est pas prescrite – contrairement au port du voile qui l'est, dans une certaine mesure, pour les femmes –, certains dogmatiques en font leur cheval de bataille et refusent de faire évoluer leurs choix axiologiques sur cette question-là. À quel genre d'affect perturbé, associé à une représentation identitaire non résolu, une telle dysphorie peut-elle alors être due ? Je pense qu'il est probable que ce soit la passivité,

---

12. OUBROU (Tareq), *Profession imam*, Paris, Albin Michel, 2009.
13. Tradition prophétique ; à ce sujet, consultez l'article des HM2F intitulé « L'homosexualité n'est pas un péché par nature pour l'islam ni un crime, ni une perversion, ni un déséquilibre », http://www. homo-sexuels-musulmans.org/homosexualite-n-est-pas-un-crime-perversion-desequilibre-peche-selon-islam__homosexuality-is-not-a-sin-perversion-according-to-islam.html

la faiblesse, que ces musulmans dogmatiques associent intrinsèquement, à tort, à la féminité, qui leur pose véritablement problème ; eux qui semblent être partisans d'une masculinité toute-puissante, hégémonique, sans rival, dans un monde arabo-musulman à l'affût de la moindre menace, comme sur la défensive. Dans un tel modèle patriarcal, qui se veut tout à la fois dominant et qui pourtant est en permanence sur le qui-vive, la féminité n'est-elle pas l'un des symboles d'une faiblesse coupable de prêter le flanc ? La féminité ne serait-elle pas ainsi la cible cathartique idéale face à la phobie irrépressible de la castration, responsable de tous les malheurs qui accableraient l'Islam ? En d'autres termes, en ces temps de troubles et de conflits, de remises en question incessantes, de réformes de la représentation identitaire des musulmans de France et d'ailleurs, la féminité – affichée par certaines femmes en général, et par certains hommes en particulier – semble être le bouc émissaire idéal pour un dogme qui se veut immuable, qui est en recherche à la fois de sens et de partage du pouvoir. Plus encore, quelle plus grande ignominie pour de tels dogmatiques, qu'un homme qui serait porteur, au grand jour, de cette féminité, de cette passivité pénétrée, associée, selon eux, de fait, à la faiblesse inhérente à toute forme de féminité ? La question est de savoir s'il en a toujours été ainsi de cette violence homophobe.

Je pense en effet qu'encore plus que la féminité, c'est l'homosexualité passive, pénétrée, féminine, assumée au grand jour au sein de l'espace public, qui serait le

Traditions arabo-musulmanes en héritage

symbole par excellence d'une faiblesse jugée intolérable aux yeux des musulmans dogmatiques. Le parallèle entre la représentation liée à la femme et celle liée à la féminité de certains hommes, permet selon moi de mettre en relief la perception que peuvent avoir certains dogmatiques de la femme musulmane ; une perception de la féminité qui n'est, à mon sens, plus conforme à l'esprit du « projet » islamique. Pour autant, il ne faut pas manquer de mesure et de subtilité, afin de tenter de déterminer si la féminité est haïe par les musulmans dogmatiques qui voudraient la cacher, l'éliminer de l'espace public, la castrer en quelque sorte ; ou, bien au contraire, si les représentations dysphoriques à l'égard de la féminité en général sont portées par ces dogmatiques qui seraient motivés par un amour de la féminité – figure de la mère – irrépressible, idéalisée, immature, incapables de la considérer comme un sujet à part entière, porteur de sa propre forme d'altérité. Ce serait là un amour de la féminité castrateur, qui ne condamnerait pas la féminité en soi ; mais plus encore, ce serait là un amour réducteur, interdisant aux hommes d'être porteurs d'une féminité considérée en quelque sorte comme sacrée, emprisonnant les femmes dans une représentation sociale qui les infériorise, justement parce qu'elle les idéalise ; une représentation identitaire qui enfermerait tout autant les hommes dans un genre – et un rôle social – prédéterminé. Une représentation identitaire que partagent bon nombre de musulmans de France ou d'ailleurs et qui, quoi qu'on en dise, est imaginée. Comment sortir de ce qui peut être considéré comme une forme d'impasse axiologique ?

Je mettrai plus de vingt ans à obtenir des pistes de réflexion concrètes, plus que de véritables réponses, à ces questions-là. Aujourd'hui, je suis persuadé que si le prophète Mahomet était vivant il marierait, par exemple, des couples d'homosexuels. Mais, adolescent, j'en étais encore à découvrir l'islam ; ou plus exactement une certaine forme d'islam venue d'ailleurs, et que l'on nomme aujourd'hui le « wahhabisme ».

LE WAHHABISME[14]

« Jeunes, nous avons quelque temps fréquenté un maître,
Quelque temps nous fûmes heureux de nos progrès ;
Vois le fond de tout cela : que nous arriva-t-il ?
Nous étions venus comme de l'eau,
Nous sommes partis comme le vent... »[15]

Le couvre-feu ne sera pas levé avant une petite heure. Les rues d'Alger, d'habitude noires de monde, sont

---

14. Le wahhabisme est un mouvement religieux et politique arabe et musulman sunnite fondé par Mohammed ibn Abd el-Wahhâb (1703-1792) vers 1745. L'intention de ce dernier était de ramener l'islam à sa pureté d'origine. Ses fidèles rejettent toute tradition extérieure au Coran et à la sunna, ainsi qu'ils refusent tant le culte des saints que la vénération du prophète Mahomet lui-même, notamment à travers les formes de culte qui lui sont rendues par les mystiques. Parfois perçu comme une secte, ce courant rigoriste radical se réclamant de l'orthodoxie sunnite est régulièrement présenté comme un mouvement ultraorthodoxe. Le wahhabisme est étroitement lié à la notion de « salafisme », un courant fondamentaliste dont il se distingue difficilement et dont la description est l'objet de débats (source : Wikipédia : http://fr.wikipedia.org/wiki/Wahhabisme).
15. Omar Khayyâm.

désertes. J'ai seize ans, je ne suis plus simplement de visite en Algérie ; mes parents, au vu de ce qui se passe en France, ont pensé qu'il serait meilleur pour notre famille de revenir s'installer à Alger, au moins pour une année[16]. L'« appel à la félicité » du muadd'in retentira bientôt dans tout le quartier, sur la ville entière, appelant à la prière communautaire du matin. Il nous appellera au bonheur de l'autre vie et à la piété dans celle-ci. Je suis déjà levé depuis vingt bonnes minutes. J'ai fait mes ablutions, une ou deux courtes prières avant la venue de l'aurore : le meilleur moment pour se recueillir à en croire les prêches de l'imam. Je partage son avis. La douce torpeur de la nuit, lorsque la ville dort encore, est propice à cette sérénité qu'on ressent d'être nu devant son créateur. Il fut un temps où j'y croyais avec encore plus de ferveur. En priant, j'avais la sensation de pouvoir toucher le Divin. Mais au moins mon cœur se serre-t-il encore et ma peau réagit-elle toujours autant à l'écoute des versets du Coran. Il m'arrive encore aujourd'hui, pour des raisons totalement différentes, d'avoir accès à ce genre d'états d'âme, à ce sentiment d'accomplissement, de simplicité crue, de plénitude. À la sensation d'être tout à la fois insignifiant et néanmoins le point central de son univers personnel. Un sentiment de pureté originelle, la sensation d'être à sa place véritable.

---

16. Cela semble être le dur dilemme entre retour/non-retour de nombreuses diasporas, qui semble à son paroxysme – et cela peut paraître paradoxal – lorsque leur pays d'origine subit de graves traumatismes (guerres civiles, tremblements de terre, etc.).

Nous sommes vendredi, jour de repos dans les pays musulmans. Je me réveille de ma courte sieste matinale. Je n'aurai pas aujourd'hui à traverser la ville d'un bout à l'autre pour me rendre à Ben 'aknoun, un quartier sur les hauteurs d'Alger. C'est là que se trouve le seul lycée français encore ouvert dans tout le pays à cause des menaces terroristes. Sur la route du lycée, il n'est pas rare de voir des voitures piégées qui ont explosé, encore en flammes. Les fusillades sont devenues le lot quotidien des Algérois. La terreur a pénétré jusque dans les quartiers bourgeois de la capitale. Ma mère a été prise un jour en tout début d'après-midi dans une de ces fusillades insensées sur la rue Michelet. En me penchant au balcon, je l'ai vue courir à bout de souffle pour s'abriter des balles dans le hall de l'immeuble.

Ma mère déteste la vie qu'elle mène depuis notre retour au bercail. Quant à ma sœur Mimi et moi-même, nous sommes contraints d'assister aux cours dans des salles qui n'ont même pas de carreaux aux fenêtres. En plein hiver, nous prenons la dictée des professeurs avec des gants. Je suis en terminale S : scientifique. « Accroche-toi et bosse ! » me crie ma mère à tue-tête. Oui bien sûr, passer son bac dans un pays déchiré par la guerre civile, sans oublier de faire fi du déracinement et de la perte des repères au quotidien que nous subissons depuis plusieurs années mes proches et moi, rien de plus facile. Bien entendu ma mère est désespérée : cela ne fait aucun doute. Je pensais que revenir vivre à Alger, près des mosquées et de mes frères salafistes, serait une bénédiction. Il n'en est rien.

Je rumine tout ceci en descendant à pied les cinq étages de notre immeuble. Sur la route de la mosquée, mes pensées me ramènent à la dispute que j'ai eue ce matin encore avec mon père, qui ne veut pas que je sorte par des temps pareils pour prier alors qu'il fait encore nuit :

« S'ils t'égorgent et qu'ils te jettent dans un carton, comment je fais, moi, pour l'annoncer à ta mère ? ! » Je n'aime pas cette situation où j'ai à mentir ne serait-ce que par omission à mes parents. Cette semaine, je leur dirai que je ne vais plus au lycée depuis déjà plusieurs semaines.

Chaque matin, ma mère nous dépose. Aussitôt sa voiture disparue à l'horizon, je prends la tangente pour me rendre à la mosquée de Ben 'aknoun, près du lycée. Là-bas, je prie la journée entière, je relis les versets du Coran que j'ai appris parfois avec l'aide de mes frères, bien souvent seul dans un coin de la mosquée de mon quartier. Néanmoins, le mensonge que je porte en moi c'est moi et moi seul qui en pâtis le plus douloureusement. Ce que j'interpréterai avec le recul comme une quête identitaire entreprise par le tout jeune adolescent de douze ans que j'étais avait évolué en une fuite en avant effrénée et m'avait emmené bien au-delà de ce que j'imaginais ! J'avais à cette époque un besoin vital de m'identifier à un groupe social, aussi éloigné fût-il de moi que l'était la confrérie des frères musulmans algériens. J'avais besoin de vérité, de pureté, de repères... Ce « retour aux sources » de la connaissance religieuse, qui est parti à n'en pas douter d'un amour sincère de Dieu, a certes été motivé également par ce racisme latent et trop souvent présent dans la société française.

La première fois que je me suis fait traiter de « sale arabe », ce fut à l'école maternelle par une jeune fille collet monté que j'avais bousculée sans faire exprès. Je me souviens également d'un intermède lors de ma scolarité où j'avais intégré pour une semaine à peine le collège situé de l'autre côté de la rue, en bas de chez moi : le très respectable collège Saint-Michel, dans le 17e arrondissement de Paris. Les élèves, tout aussi respectables et de bonne famille, inscrits dans cet établissement, avaient pour « jeux » préférés pendant la récréation de simuler une véritable chasse à l'homme : le gibier de choix, c'étaient les « rebeux ». Ils me coursaient, s'asseyaient sur mon torse au beau milieu de la cour de récréation, me faisaient jurer de ne plus remettre les pieds « chez eux ». Je quitterai presque aussitôt le collège Saint-Michel et serai inscrit au collège Stéphane-Mallarmé, à l'autre bout du quartier, au bord du périphérique. Il n'est pas exclu que ce rejet de mon identité que je ne portais pourtant pas inscrite sur mon front, m'ait encouragé à chercher « ailleurs » une forme de vérité et d'apaisement que je me voyais interdire *chez moi* en France. Mais plus encore, le salafisme m'aura permis, je ne le comprendrai que plus tard, de rejeter au fin fond de mon inconscient, pour un temps, mon orientation sexuelle ainsi que la pression sociale liée à mon identité de genre.

Quoi qu'il en soit, après la découverte de la mystique islamique et quelques années de réelle euphorie spirituelle et de bonheur émotionnel, je me retrouve encore plus perdu à l'âge de dix-sept ans que je ne l'ai jamais été à onze ou douze ans. Mais comment est-ce possible ? Comment peut-on me demander de choisir entre mon corps et mon esprit ? Les deux ne sont-ils pas censés ne faire qu'un ? Dieu, comment peut-on oublier des pulsions sexuelles si flagrantes, si fortement ancrées en nous ? Comment peut-on refouler à ce point-là des images si éloquentes ? C'est la peur de faire face à sa différence bien sûr. J'ai nié mon individualité pendant tant d'années. Il était plus facile de se fondre dans le moule d'une communauté où nous sommes tous des « soldats de Dieu » ; bien pis : des esclaves d'un créateur qui serait censé pouvoir disposer de nos destinées en toute impunité, avec cruauté si tel en est son projet. Une masse humaine informe et soumise. Je commence néanmoins à avoir de sérieux doutes au sujet du bien-fondé de mon engagement religieux, au moment où j'entrevois l'aboutissement à long terme d'une telle doctrine. Car si Dieu peut être cruel, alors ses soldats se doivent de l'être aussi, selon la situation. Selon aussi l'inspiration de savants musulmans qui ont le droit, que dis-je, le *devoir* de se prononcer par moments pour la guerre sainte, pour la mort de telle ou telle personne par l'énonciation de fatwas, parfois pour l'excommunication de la totalité d'un groupe religieux schismatique... Et là, c'est évidemment la porte ouverte à tous les abus, à toutes les dérives, aux barbaries les plus abjectes ! Tout ça partant de la meilleure des intentions, soi-disant :

« Les saints hommes des premiers temps de l'islam ont déjà tout pensé pour notre bien ! » nous martelait l'imam de la mosquée. « Les Saintes Écritures et la tradition du Prophète sont là pour nous sauver de nous-mêmes et nous conduire vers la lumière ! »

« Ne réfléchis pas fils ! `Vance ! » me disent les plus anciens des frères. Que j'avance ? Oui, mais vers où ! ? Je suis certainement aveugle, car j'ai beau chercher du regard, tout autour de moi, je ne vois plus que le chaos et l'odeur pestilentielle de la mort, à cause de la religion. « Surtout, ne pose aucune question : c'est un péché que d'innover en religion, même si ce n'est que par la pensée, c'est une *bid'â*[17] ! » nous a-t-on scandé si souvent, à nous la jeune génération. On nous a endoctrinés. Surtout lorsqu'il s'agit de réfléchir par soi-même ou d'apporter une amélioration quelconque. Pourtant, cet esprit divin qui nous a créés ne nous a-t-il pas dotés d'un esprit capable de discernement et de créativité ? Les jeunes gens que je fréquente à cette époque avaient beau être moins virulents que d'autres, ils restent de toute façon des fondamentalistes à l'esprit obtus, appauvri par des

---

17. Une innovation ; les réformes ainsi que les innovations en matière de religion sont toutes proscrites selon les plus rigoristes des salafistes : « Toute innovation est nuisible. » Consultez aussi le tome III du *Livre vert*, dont la partie théorique, que j'ai personnellement rédigée, traite notamment de cette question de l'évolution dynamique de la représentation que l'on a de la « loi » islamique, par exemple vis-à-vis de questions de société telles que celle de l'ouverture du mariage à tous les couples, notamment aux homosexuels : http://www.homosexuels-musulmans.org/Livres-Verts-contre-homophobie-islamophobie__Green-Book-against-homophobia-islamophobia.html

Le wahhabisme

centaines de prêches rébarbatifs, fades, sans aucune saveur intellectuelle : de la masturbation cérébrale, du bourrage de crâne auquel, c'est là le plus malheureux dans l'histoire, nous voulions tous croire si fort, nous la jeunesse de ce pays, à défaut de disposer d'autres espoirs, de rêves à cultiver, d'absolus. Mais moi je viens d'ailleurs et c'est sans doute une chance. Mes pensées sont des plus embrouillées ces jours-ci. Mon autre chance, ce sont ces doutes que j'ose enfin toucher du bout de mon esprit, au sujet de ces convictions religieuses qui m'ont permis durant toutes ces années de me tenir la tête hors du courant de l'existence, de ne pas sombrer dans la déprime, la peur. Ces doutes ne sont pas les seuls à accaparer mon attention. C'est cette peur panique d'un domaine, au fond de ma *persona*, dans lequel je ne parviens pas à plonger le regard, qui semble être la cause de mes angoisses les plus oppressantes...

Sur la route de la mosquée, mes pensées tourbillonnent de toutes ces perspectives. Je retrouve sur place Ali, un très bon ami qui m'aide souvent à l'amélioration de ma prononciation en arabe, essentielle à une récitation correcte et non blasphématoire des versets du Coran. Après la prière collective, je reste dans l'enceinte de la mosquée jusqu'à l'aube. C'est un lieu où je me sens véritablement chez moi. Là, je révise les nombreux versets du Coran que j'ai appris studieusement au cours de ces dernières années. Lorsque j'y repense, j'ai du mal à y croire moi-même : apprendre la moitié du Coran est déjà une tâche ardue. Mais pour le francophone que je suis, qui a grandi en France et qui ne déchiffrait même pas l'alphabet arabe il y a de cela trois ans à peine, c'est un petit miracle ! Mais à bien y réfléchir, c'est simplement la fuite éperdue d'un gosse terrifié par son homosexualité : je ne savais même pas ce que cela signifiait exactement à l'époque, ou plutôt je n'ai jamais cherché à le savoir. J'étais prêt à me bourrer le crâne de n'importe quoi si cela pouvait m'éviter d'avoir à jeter le moindre regard au tréfonds de moi-même. Il n'en reste pas moins que j'ai adoré lire et relire ces histoires de saints hommes marchant sur la terre, à une époque où les idéaux de l'humanité semblaient avoir pris forme humaine. Des hommes élevés par la tradition à la limite de la perfection. Une époque qui n'a sans doute jamais existé telle que décrite de manière métaphorique dans la Bible ou le Coran.

La prière de ce vendredi, comme chaque semaine à la mi-journée depuis le retour de la famille sur Alger, je l'accomplirai en compagnie de Djibril dans la mosquée d'Hydra : « la Colonne ». Je n'ai quitté Djibril qu'hier la veille. Ce matin, il n'a pas prié avec nous, et déjà il me manque. Ce midi nous serons côte à côte lui et moi pour la prière sainte de *Jumu'a*[18]. Cette après-midi nous la passerons ensemble, seuls tous les deux probablement, à prier à la mosquée ou simplement allongés côte à côte à nous parler de tout et de rien, des heures durant. Une relation platonique : entre nous il n'y a eu, jusque-là du

---

18. Littéralement : « la réunion » des fidèles une fois par semaine au moins, le vendredi vers les coups de midi.

Le wahhabisme

moins, aucun jeu de « séduction » à proprement parler, aucune intimité charnelle ; rien à part une amitié qui se voulait au-delà des conventions. Mais force est de constater, chaque jour un peu plus, que ce n'est que la partie immergée de l'iceberg des sentiments profondément ardents que je ressens pour lui... Et que lui ressent pour moi. « Je vais finir par te mettre sur le livret de la famille ! » me dit-il avec son beau sourire. Djibril est le premier-né. Par conséquent, le cadet n'a d'autre choix que d'abandonner sa couche au profit de l'ami de son frère.

« Tu fais pour ainsi dire partie de la maisonnée : tu passes ton temps à squatter dans ma chambre ! »

Alger la Blanc cassé

« À un ami perdu :
Souvenez-vous d'eux tels qu'ils étaient ;
Et n'y pensez plus ! »[19]

Le caractère presque insurrectionnel, à la limite de la guerre civile, qui règne désormais même au cœur de la capitale à Alger, compliquera grandement ma relation jusque-là idéalisée avec Djibril. Je ne suis pas rentré à la maison depuis trois jours. Mes parents, ma mère tout particulièrement, n'en peuvent plus de n'entrevoir leur fils que deux ou trois fois par semaine. Je passe mes journées en compagnie de Djibril, mes nuits sur le lit de son frère.

Ce matin, je n'ai fait qu'accompagner Djibril à la librairie islamique où il travaille. Je ne lui tiendrai pas compagnie toute la journée comme j'ai l'habitude de le faire. Nous sommes en plein été, il fait au bas mot

---

19. Ernest Hemingway.

cinquante degrés à l'ombre. La chaleur étouffante qui pousse régulièrement à vérifier si les habits ne sont pas la proie des flammes ne m'interdit en rien de porter l'habit traditionnel du musulman : la tunique blanche à la mode saoudienne, portée sur un pantalon ample à l'entrejambe, qui descend jusqu'aux mollets, à la façon des Maghrébins d'antan. Le Prophète interdit les habits moulants et ceux qui descendent plus bas que la cheville, m'a-t-on dit, cela afin de se démarquer des notables vaniteux de La Mecque qui laissaient leurs habits traîner par terre : « Les salafiyas que nous sommes se doivent de suivre le prophète de l'islam en tout point ! »

Les immeubles d'Alger au style européen, les grandes avenues tracées par les urbanistes coloniaux ne sont absolument pas adaptés au climat sous ces latitudes. Malgré les grandes statues ou les visages ouvragés qui ornent çà et là certaines des façades, j'aime profondément le style haussmannien de ces vieilles bâtisses. Je passe ainsi une bonne partie de ma journée à flâner dans les ruelles de cette ville qui a fini par m'adopter. J'avais l'habitude de dire à Djibril en plaisantant que « les gens vont à La Mecque et moi je viens en pèlerinage à Alger : ici c'est ma Terre sainte ! » Oui, très tôt, j'ai ressenti mes vacances en Algérie comme générateur de la paix et de l'oubli qui, en France, m'étaient interdits. Ceci était vrai du temps où je ne faisais que passer quelques mois par an en Algérie durant les vacances scolaires. Aujourd'hui j'y vis, enfin ! Et pourtant je ne me sens pas totalement dans mon élément... Je longe le bord de mer vers l'ouest de la ville. Je contourne la grande poste : bâtiment blanc imposant, dont les tours ressemblent à des minarets. Je fais une halte pour me rafraîchir aux portes de la Casbah – le plus vieux des quartiers d'Alger, comme préservé des méandres du temps et de la géopolitique. J'effectue de courtes ablutions dans la mosquée de Ben Badis, du nom du célèbre savant et mystique soufi qui opposa une résistance farouche à l'invasion française. J'en profite pour accomplir la prière de la mi-journée dans cette immense mosquée aux mille et une fenêtres, chacune parée de vitraux multicolores. Je poursuis mon périple dans les ruelles d'une des plus vieilles villes du Maghreb. J'ai appris à connaître ce quartier au fil de mes récurrentes « expéditions urbaines » en solitaire : sa mosquée Ketchaoua[20], le marché couvert, la célèbre place des Martyres, le palais des anciens *Deys* ottomans[21] et enfin l'amirauté, reconvertie en poste de gendarmerie, qui marque le début du quartier de Bâb El-Oued. L'après-midi est déjà bien avancée. De retour dans mon quartier du centre-ville, je rends visite à ma grand-mère, qui habite non loin de là, et j'en profite pour faire une sieste dans la chambre d'ami.

Lorsque je m'éveille, l'après-midi touche à sa fin. Je n'ai pas entendu l'appel du muadd'in pour la prière du *'aser*, troisième prière de la journée. Je me dis que mon Seigneur ne m'en tiendra pas rigueur dans de telles circonstances.

---

20. Petite sœur jumelle de la mosquée Al Azhar au Caire.
21. Récemment rénové grâce à des fonds obtenus auprès de l'Unesco qui classa l'ensemble de la Casbah patrimoine de l'humanité.

Je préfère tout de même prier dans la mosquée vers laquelle je me dirige donc d'un pas nonchalant, encore ivre de sommeil, après de rapides ablutions. Aux abords du temple, j'aperçois Djibril qui se dirige vers moi d'un pas rapide :

– Mais où étais-tu donc passé ? Imbécile ! Ta famille entière est à ta recherche, ils te croient blessé, voire pire ! Djibril n'avait jamais employé ce ton rude avec moi.

– Comment ça, où j'étais ! Pourquoi blessé ?

– Rentre immédiatement chez toi ! Ton père vient de passer ici – et Dieu sait que pour faire déplacer mon père jusqu'à la mosquée à cette époque-là, la situation se devait d'être dramatique en effet ! –, ta mère est en larmes : elle a trouvé ta *chachya* pleine de sang !

– Quoi ! ? Oh mon Dieu… !

– Allez, vas-y… Cours chez toi la rassurer !

Ma grand-mère a eu le temps de venir de chez elle afin de consoler ma mère. Quant à mon père, il est dans une colère noire : « C'est ça être un bon musulman pour toi ? Terroriser sa mère, qu'elle se fasse un sang d'encre ? » J'avais beau tenter de lui expliquer que les quelques gouttes de sang n'étaient autres que celles d'une femme âgée, tombée devant moi dans la rue ; mais rien à faire. J'avais croisé cette veille *hadja* quelques jours auparavant. Elle avait le visage en sang à la suite d'une chute dans un escalier, si nombreux dans les rues d'Alger. Je me suis assuré qu'il y avait plus de peur que de mal, que sa blessure à la tête n'était que superficielle. Mais mon père était bien lancé pour dramatiser la situation jusqu'au paroxysme. Il était hors de lui, prêt à ne rien m'épargner. Mais pourquoi donc a-t-il toujours ressenti une telle haine envers les religieux ? J'espérais seulement qu'il n'en viendrait pas à m'interdire de revoir mes frères : ce serait pour moi une chose... impensable tout simplement. Ne plus revoir Djibril ?

« Écoute-moi bien ! Je ne veux plus jamais te voir traîner avec ces voyous que tu fréquentes dans ces mosquées ! Tu as bien compris, j'espère !? Ça n'est pas en passant son temps dans un temple qu'on fait sa vie, fiston ! » Effectivement, mon père me connaissait terriblement bien : j'étais si prévisible pour lui. Déjà à l'âge de onze ans, je me souviens parfaitement de la façon dont il m'avait « prévenu », à sa manière toute particulière, mais tout à fait serein pour une fois, que si je continuais à être aussi efféminé, à ne fréquenter que les garçons de mon âge et non pas les filles, ma vie serait très vite difficile à *assumer*... Je n'ai compris que bien plus tard qu'il avait raison à ce propos, dans une certaine mesure seulement.

Puis il ajoutera : « Je ne veux plus te voir passer une seule nuit hors de la maison. » C'est un premier choc virulent, aussitôt suivi par un deuxième coup : « Je ne veux plus que tu ailles à l'autre bout de la ville pour assister à ces prétendus cours sur la religion. » Puis, vient le coup final : « Dorénavant, tu prieras dans la mosquée de ton quartier, un point c'est tout ! Et tu ne sortiras plus à des heures impossibles par les temps qui courent : ni pour prier, ni pour quoi que ce soit d'autre ! À peine le couvre-feu levé à l'aube, te voilà sur la route de la mosquée. Il

suffit ! Ta mère ne tient plus et moi j'en ai plus qu'assez ! »
Nous y sommes : c'est le coup de grâce ! Mon père est
conscient d'avoir touché juste pour une fois. Moi qui,
comme bien des adolescents, me suis enfermé dans un
cocon pour ne plus avoir à souffrir de rien ni personne,
eh bien cette fois je n'y échapperai pas ! C'est la demeure
de mon être qui prend feu !

Mon père sait pertinemment que je n'oserai pas
lui désobéir, du moins pas ouvertement. D'une part
parce que l'obéissance aveugle à ses parents est un des
commandements de Dieu pour le croyant que je suis.
D'autre part, je n'ai jamais pu tenir tête à mon père : il
est si facile d'être lâche. Le simple fait d'avoir à fixer son
regard, dans quelque situation que ce soit, même la plus
anodine, était tout bêtement au-dessus de mes forces !
Il est sûr que mon père était du genre à être un « père
absent » par excellence, mais très présent lorsqu'il s'agissait de faire montre de son autorité, voire d'humilier, de
rabaisser en public afin de montrer à tous et toutes qui
est le chef. Il n'a jamais réellement été violent, jamais
mon père ne m'aura battu. Il n'en reste pas moins que
ces punitions, en public de préférence, avaient toujours
ce petit quelque chose d'humiliant qui me donnait le
sentiment d'être abject, d'être une loque, une chose. Au
sens où ma dignité était en quelque sorte violée, sans que
j'eusse eu mon mot à dire. J'aurais préféré que mon père
soit physiquement violent ponctuellement, plutôt que
par moments un tantinet sadique et castrateur. Je garde en
moi le souvenir presque palpable de ce jour où mon père

m'a attaché à l'aide de protège-poignets de tennisman. Pieds et poings liés, à moitié déshabillé, j'ai attendu sur une chaise, les mains dans le dos, le retour de ma mère et de ma grand-tante venue du bled. Je n'oublierai jamais le regard peiné, honteux de ma mère devant ce spectacle affligeant. Pour moi, cela n'avait rien de choquant : mon père m'avait puni, voilà tout. J'en arrivais même à penser que je méritais probablement de telles réprimandes. À l'époque, je n'étais pas encore conscient des séquelles morales et psychologiques que de tels actes auraient pu laisser sur l'inconscient, sur l'amour-propre du jeune enfant de sept ou huit ans que j'étais alors.

Mon père m'a souvent dégoûté. Il n'en reste pas moins qu'aujourd'hui, j'éprouve souvent du respect et de l'amour pour ce père à qui j'en ai tant voulu, que j'ai haï à une époque de toutes mes tripes. Car bien des fois aussi, il aura choisi de me soutenir. Comme l'amour sécurisant de ma mère durant l'enfance, l'exemple de mon père à l'âge adulte m'a permis d'acquérir l'assurance et la capacité à relativiser les drames de la vie qui semblent me caractériser aujourd'hui. Je peux ajouter à sa décharge que mon grand-père, son père, qui était un homme des plus adorable du temps où je l'ai connu, l'a attaché à plusieurs reprises à une chaîne en fer des semaines durant. Afin d'éviter à mon père de « tourner mal », disait-il, de devenir un voyou. Et de me poser la question de savoir quel acte si répréhensible mon père avait commis à l'époque pour subir un tel châtiment. Aujourd'hui, j'ai ma petite idée là-dessus... Sans compter qu'il est de notoriété publique dans le quartier où mon père a grandi qu'il était un adolescent turbulent, bagarreur, indiscipliné. Mais tout de même : l'attacher comme un animal ? « Oui, mon fils ! Et je remercie mon père bien-aimé de m'avoir rendu ce service lorsqu'il était encore temps ! » m'a-t-il confié pudiquement lors de l'une de nos trop rares discussions en tête-à-tête à ce sujet. Les enfants battus vouent à leurs parents un amour, un respect mêlé de crainte et de terreur si fortement enraciné en eux, qu'il en devient inexpugnable, instinctif. Mon père en cela ne fait pas exception. Il n'a jamais pu s'affranchir totalement de ce rôle tantôt inquisiteur, dominateur parfois, souvent cynique et autoritaire de ses débuts dans la vie. C'est en cela que mon père me fait de la peine. Je m'aperçois qu'il est, par moments, comme une machine à produire des rêves, vide de sens. C'est un idéaliste que l'on aurait brisé trop tôt dans sa jeunesse. Alors il rêve, encore et toujours, et il oscille constamment au cours de sa vie entre un optimisme sublimé et un pragmatisme sans pitié aucune, surtout vis-à-vis de lui-même. C'est ainsi qu'il passe avec une facilité désarmante d'un mysticisme béat – à passer des jours entiers reclus au fin fond de sa chambre à réciter les versets du Coran, encore et toujours –, à un athéisme désabusé, nihiliste – qui se voudrait dénué de toutes illusions –, à parcourir le monde en quête de sensations fortes, de biens matériels à amasser... Et d'aventures sexuelles qu'il aime collectionner. Mon père a toujours oscillé entre ces deux extrêmes, sans trouver la paix. Aujourd'hui, à plus de soixante ans, il semble plus serein ; il a vu naître deux de ses petits-enfants, tous ses enfants sont mariés, et j'ai l'impression que ma stabilité émotionnelle, en dépit de toutes les difficultés qui sont les miennes, l'a aidé dans une certaine mesure à apprivoiser son côté « écorché vif ».

Mais au moment de l'incident de la *chachya*, c'est encore cet homme dur et cynique que j'ai devant moi. C'est avec cette figure paternelle là que j'ai à me dépêtrer. Ce sont mes convictions religieuses qui posent problème à mon père. Pour quelle raison ? Je ne le comprendrai que plus tard. Mais c'est sur l'ensemble de la vie privée de ses proches que mon père aimait à avoir un droit de regard et de contrôle. Jules César, soixante-dix ans avant Jésus-Christ, aurait dit : « Le pire ennemi se cache là où on l'attend le moins. » L'adolescent que je suis voit mon père telle la Gorgone antique, qui se nourrit de l'énergie vitale de ceux qui l'approchent.

Ma plus grande chance dès l'aube de ma vie aura été que mon père ne m'a jamais considéré comme une cible valable. Aurait-il dans l'idée aujourd'hui de saisir l'occasion d'un malentendu autour de cette maudite *chachya* afin de revoir son jugement ? Je sais, quoi qu'il en soit, qu'il est urgent pour moi de me retirer de son horizon des événements pour ne plus lui laisser le pouvoir sur ma vie. Machiavel a dit : « On ne gagne pas la guerre, et la retarder donne un avantage à l'ennemi. » Alors le jour venu, je finirai par choisir une guerre froide et longue : la guerre des nerfs ; tel sera le prix de ma maturité.

Je n'exprimerai jamais face à mon père ou à ma mère la peine, la colère d'être brimé de la sorte par l'autorité parentale. Mes parents ne savent plus trop comment agir avec moi ! D'ailleurs ces jours-ci plus rien ne me fait réagir, ni en bien ni en mal. L'isolement volontaire de la prime adolescence laisse place désormais à un mutisme farouchement hermétique. Et Dieu sait que le caractère bien trempé que je sais être le mien peut s'exprimer pourtant avec force et détermination. « Je n'ai jamais vu quelqu'un faire aussi bien sa tête de chèvre que toi ! » Ma mère conservera depuis lors l'habitude d'utiliser cette image populaire pour décrire mon tempérament auprès de ces gens qui, se fiant aux apparences et me connaissant mal, pensent de moi que je suis le garçon effacé, doux et sage que je donne l'impression d'être. Plus encore, j'entends souvent depuis mes parents impuissants se disputer à mon sujet : « C'est déjà bien assez compliqué comme ça avec ton fils, pour ne pas en rajouter en faisant une de tes crises d'autorité pour lui imposer tes saletés de principe ! » Le malaise s'installant ainsi un peu plus chaque jour, je me sens pris dans un cercle vicieux qui me conduit à couper les liens avec tous ceux de mon entourage familial ou autre, qui ont de près ou de loin quelque rapport que ce soit avec mes parents. Ce qui ne fait que me rapprocher davantage, pour un temps seulement, de Djibril. Quelques jours après l'altercation avec mon père, alors que nous sommes allongés côte à côte dans notre coin de la mosquée, à gauche du *mihrab*[22], et que mes parents me croient chez l'une de mes grands-mères, je me confie à lui : « Je ferai tout pour partir à l'étranger, en Arabie Saoudite par exemple, ou en Jordanie ; là où résident les plus grands imams salafistes ! Quoi qu'il m'en coûte ! Je ferai des études de sharia, puis je deviendrai imam. N'importe quoi, pourvu que je puisse être loin de mes parents et des tourments de mon âme ! » Djibril a toujours été de bon conseil, me prêtant souvent une oreille attentive, sans pour autant jamais en devenir directif ou insistant : « Tu sais, devenir érudit en matière de religion n'est pas chose facile. Qui plus est, tu n'as pas besoin de partir aussi loin de ta famille pour faire des études approfondies des textes sacrés. Allah est avec nous où que l'on soit, ne l'oublie pas. Tu peux tout à fait te consacrer à ta propre éducation spirituelle ici même. » Bien évidemment il a raison, j'en suis conscient. Il me faut néanmoins trouver une solution pour me sortir de cette impasse douloureuse – pour moi tout autant que pour mes parents – dans laquelle je me sens chaque jour suffoquer un peu plus !

---

22. *Mihrab* : niche dans laquelle l'imam se tient pour guider la prière commune.

LE REGARD DES FRÈRES SALAFISTES

« Lesbiennes, transidentitaires et homosexuels musulmans affirmons que nous pouvons être des agents dans cette lente mais nécessaire évolution, ainsi que les femmes, les jeunes, et d'autres groupes sans position de pouvoir. Mais c'est seulement grâce à Dieu qui nous accorde une place centrale dans la diversité de l'humanité – à l'avant-garde, à la fois un lieu de danger et de perspicacité. »[23]

Mes parents ne sont pas la seule cause de mes questionnements identitaires : après plusieurs années, les frères musulmans et leur confrérie salafiste, vue de l'intérieur, paraissent tout compte fait bien moins fraternels, divinement inspirés et désintéressés qu'il n'y paraît. Ils deviennent de plus en plus suspicieux, virulents, même envers l'émigré que je n'ai en réalité jamais cessé d'être aux yeux de certains d'entre eux.

---

23. KUGLE (Siraj), *op. cit.*

Sans compter que d'autres en ont rapidement eu assez du jeune homme efféminé qui « troublait » la communauté des croyants. Nombre d'entre eux, tout comme les musulmans à qui j'ai affaire aujourd'hui, me considéraient comme un « déséquilibré », du simple fait que j'étais ce qu'ils nomment un *amrad* : un garçon encore imberbe, à l'identité de genre tentatrice pour certains jeunes hommes célibataires autour de moi. Nombreux sont ceux de mes « frères » qui finirent par nous critiquer ouvertement, Djibril et moi-même, avec des conséquences rapidement désastreuses sur la réputation et la vie de mon frère bien-aimé qui, jusque-là, était considéré comme un parangon de vertu, faisant preuve d'une dévotion exemplaire.

« Regarde-le, lui là-bas : c'est lui l'émigré qui passe son temps avec Djibril... » Cette réflexion sort de la bouche d'un adolescent, un tout jeune garçon avec trois poils au menton. Il marche dans mon dos, accompagné de deux de ses amis. À peine plus haut que trois pommes, à côté de mon mètre quatre-vingts, malgré mes dix-sept ans à peine. Tout prépubère qu'il est, il n'en est pas moins habillé de la tête aux pieds comme le vrai petit intégriste en herbe qu'il est certainement sur le point de devenir : tout de blanc vêtu, pantalon court et ample, *kamisse* arabe, couvre-chef en crochet, et une langue médisante qui frétille déjà plus vite que celle d'un serpent. Il roule des mécaniques à sa manière toute « pieusement correcte ». Ce jeune homme n'est pas de ceux que je fréquente, ni de ceux que je considère comme fréquentables de toute façon. Nous sommes pourtant tous, d'une certaine manière, des salafistes ; des héritiers du Prophète. Mais je me reconnais de moins en moins dans cet héritage pompeux. Je souffre de plus en plus de voir toutes ces divisions internes à notre mouvement, et ces rancœurs personnelles, qui en fin de compte diminuent ma foi. Je me considère plus proche des wahhabites moyen-orientaux, comme cheikh al-Baz, cheikh al-'Outhaimine ou encore cheikh Nasser al-Din al-Albani – autant de savants de l'ancienne école, tous disparus à ce jour –, alors que ce jeune garçon fait partie du groupe des « frères musulmans réformistes » – *al-djaz'arat* –, proches des islamistes égyptiens, qui s'habillent le plus souvent à l'occidentale, en costume-cravate. Il n'en reste pas moins que ces paroles me touchent, car je sais qu'elles sont l'écho de ce que peuvent dire également ceux que je considère comme mes amis.

La mosquée de quartier, à l'image du reste du monde musulman, voit s'affronter différentes tendances et factions religieuses à coups de versets du Livre saint, à propos de détails totalement insignifiants : de la façon par exemple de croiser les mains sur le torse lors de la prière, ou de ne pas le faire ; des paroles exactes à prononcer avant d'entamer ses ablutions, ou bien lorsqu'elles sont achevées ; de la taille respectable d'un pantalon d'homme : au-dessus ou au-dessous des chevilles ? De véritables querelles de clocher qui n'ont aucune espèce d'importance dans le fond, autrement que par l'ascendant qu'elles sont éventuellement susceptibles

Le regard des frères salafistes

de donner à l'une des parties qui montre sa supériorité spirituelle, sa plus grande connaissance du Livre et de la tradition prophétique. Le Coran, la connaissance livresque, le pouvoir ! Là réside la véritable monnaie d'échange des musulmans dogmatiques, le véritable enjeu des guerres fratricides et le plus souvent larvées, qui utilisent la religion comme une arme, et qui secouent le monde arabe tout particulièrement. Très tôt, j'ai été stupéfait de la façon dont il est possible d'« acheter » le respect d'un frère en citant deux ou trois versets bien sentis suivis du commentaire d'un ouléma[24], des piliers de la loi islamique. Allah ne nous aurait-il créés que dans l'unique but de nous bourrer le crâne d'interminables sentences ? Ces derniers temps, j'en viens de plus en plus à en douter.

C'est que certains « frères », dans le but d'embrigader ceux des croyants qui n'auraient pas encore choisi leur camp, passent des heures de leur vie toute dévouée au seigneur de leur ego, à affûter leur rhétorique dans la bibliothèque de la mosquée, là-haut sous les toits ou dans les salles de cours de la madrasa, au sous-sol. Car c'est bien cela dont il s'agit : une guerre froide à l'intérieur d'une même communauté religieuse, un conflit pour l'influence et le pouvoir, bien entendu ! J'imagine qu'il en va ainsi de toute institution humaine : les luttes intestines ont vite fait de fouler aux pieds les idéaux désintéressés des premiers temps. Les musulmans ne font pas excep-

---

24. Ouléma : sage reconnu pour être versé dans la science des hadiths et du fiqh.

tion à la règle, tant s'en faut. Pour beaucoup, tant que tu es un « bon croyant », c'est-à-dire une machine à prière et surtout pas un être à « penser le monde », qui n'utilise sa cervelle que dans le but d'apprendre les paroles des anciens, eh bien personne ne verra à redire sur ton attitude. Bien au contraire ! Tes charmants frères t'aideront de manière tout à fait désintéressée, il va de soi, à aiguiser les arguments de ta rhétorique de sorte à trancher au plus profond du cœur de la faction adverse, au vif de ceux des musulmans qui ne pensent pas exactement comme toi ! L'atmosphère que font régner ces gens-là au sein de leur propre communauté me gêne depuis le début de mon entrée en religion. J'en suis venu à me poser la question : pourquoi un tel besoin de normalisation universelle ? Pourquoi un tel besoin de vie grégaire, de domination de l'autre, de refonte de nos *personae* individuelles dans un tel magma sociétal ? Quelle serait l'utilité de la liberté individuelle dans tout ceci ? Pourquoi ne parle-t-on jamais du bien-être de l'autre, sans lequel le bien-être du collectif n'existe pas ? Les réflexions que j'élabore en ce moment même, à la suite de ces événements troublants, auront des répercussions sur le reste de ma vie.

Même nos frères les plus intimes à Djibril et moi-même ne cachent plus les soupçons qu'ils peuvent avoir à notre sujet. Ils pensent que nous passons trop de temps ensemble. Fidèles à eux-mêmes, ils nous servent encore et toujours les mêmes versets du Coran à propos des jeunes hommes célibataires qui, dans la promiscuité, risquent de se laisser aller à l'attirance contre nature et

Le regard des frères salafistes

perverse à laquelle « s'adonnaient les damnés du peuple de Loth »[25]. Il faut entendre par là : comme vous n'êtes mariés ni l'un ni l'autre, vous feriez mieux de ne pas passer autant de nuits ensemble dans l'obscurité d'une chambre. Dieu et nous aussi savons très bien ce qui pourrait se passer. Pour mes « frères », il est entendu qu'un *amrad* et un homme dans la fleur de l'âge tel que Djibril ne devraient pas être ainsi attachés l'un à l'autre. Mes manières ne sont pas assez viriles, ou sont-elles trop peu brutales ? Mon visage n'est pas suffisamment anguleux, ou bien n'est-il pas assez typé ? Au début, j'étais comme une mascotte, puis une curiosité. Le temps passant, je suis devenu, pour beaucoup, indésirable. Je troublais par trop leur conception de la masculinité.

Pourtant, peu sont ceux qui osent explicitement faire référence au trouble qui parcourt la communauté des frères du quartier. Le premier à oser m'en parler est l'honorable Mourad[26] : un homme dévoué à la communauté que nous étions plus d'un à considérer à juste titre comme notre grand frère.

– Comprends-moi..., me dit-il hésitant, un sourire chaleureux aux lèvres. « Toute cette histoire est des plus délicate.

– Une histoire... mais quelle histoire ?... À ce moment-là, je ne comprenais pas ce qu'il voulait me dire.

---

25. Pourtant, comme le démontre le Pr Siraj Scott Kugle dans son livre *Homosexuality in Islam*, le Coran parle de la violence de certaines peuplades qui violaient des étrangers de passage ou leurs ennemis, mais jamais du sujet de l'« homosexualité » en tant que telle.
26. Dieu ait son âme.

– Tu es au *centre* de ce que l'on pourrait qualifier de « quiproquo » (utilisant pour l'occasion l'expression française) et je sais que tu n'en as pas conscience, et...

– Mais Mourad, pour l'amour du ciel, de quoi parles-tu au juste ?

Ce grand frère, presque un père pour nous tous, aux cheveux roux, à la barbe généreuse, a visité l'Europe entière, un joint de hachich aux lèvres. Il a même assisté au festival de Woodstock, avant de rentrer au bercail algérien. Pourtant, le tabou lié à l'homoérotisme est si puissant que Mourad est dans l'incapacité d'exprimer directement ce que d'autres n'auraient eu aucun mal à m'annoncer sans détour. Il finit par me le dire quand même :

– Eh bien, les frères sont de plus en plus nombreux à penser que l'attachement qui existe entre toi et Djibril pourrait, dans certaines circonstances, vous conduire à l'*abomination*.

Je tombe des nues.

– Qu'entendent-ils au juste par *abomination* ! ?

– Il s'agit de propos tenus par des frères que nous fréquentons toi et moi tous les jours, de ces frères dont tu as assisté au mariage ou au baptême de leur fils : Samy le Kabyle, Abdullah le jeune lycéen, Rachid le taximan et meilleur ami de Djibril, avant que tu n'intègres notre groupe... Même le grand Housh d'habitude, si peu enclin à se mêler d'histoires qui ne le concernent pas ; et bien d'autres, de plus en plus nombreux...

– Comment nos propres *frères* peuvent-ils avoir dans l'idée que nous sommes déviants, Djibril et moi ? J'avais

Le regard des frères salafistes

bien remarqué un changement dans l'attitude de Samy, tout particulièrement, mais de là à en arriver à de telles calomnies ?

À l'époque je croyais ce que tout le monde me disait des homosexuels, de leur déviance et de leur perversion. En ignorant que bientôt, moi aussi je me définirais ainsi.

– Dis-moi au moins que tu n'y crois pas, toi, Mourad ! ? C'est absurde ! Moi, vous me connaissez depuis quelques années à peine, ça, je peux éventuellement le concevoir. Mais en ce qui concerne Djibril, tu ne trouves pas que c'est d'autant plus absurde ! ? Il est de ceux qui ont fréquenté la mosquée depuis déjà bien avant leur adolescence !

– Oui, je sais, me dit-il, les yeux fixant le sol, les mains dans le dos, alors que nous remontons la grande rue de la Scala, en direction de la mosquée. Écoute, mon opinion importe peu. Tu dois le comprendre, me dit Mourad. Je vous estime suffisamment tous deux pour ne pas prêter attention à ce genre de calomnies. Il n'en reste pas moins qu'il est temps de trouver une solution à cet épineux problème. Je reste silencieux un long moment. D'un coup, pas mal des repères déjà branlants, auxquels je m'étais raccroché aveuglément ces dernières années, semblent s'effriter sous mes yeux ; ma confiance sans borne, insouciante, en ceux que je considère depuis longtemps comme de véritables membres de ma famille.

– Je ne comprends pas... Dis-moi Mourad ce que ça peut bien vouloir dire de colporter de tels ragots au sujet de tes compagnons les plus proches ! ? D'autant plus que je suis vraiment des plus discret à la mosquée, au sein de la communauté ! Parfois j'en tremble de pudeur irrépressible lorsque je dois adresser la parole à un frère que je ne connais pas. Bien sûr, tout le monde sait qui je suis, le *zmigré* – l'« émigré ». Chacun me connaît au moins de vue, ils connaissent tous ma famille, parmi les plus anciennes du quartier. Mes grands-parents habitaient ici avant même l'indépendance – ce qui à l'époque, dans un tel quartier résidentiel, était une exception pour des « musulmans ». Mais c'est uniquement parce que je suis un frère qui a grandi en France qu'ils n'ont pas confiance en moi ?... C'est de cela qu'il s'agit ! ?

– Ne te remets pas en question de la sorte. À la rigueur, essaie même d'envisager la situation comme si tu n'étais pas impliqué, comme s'il ne s'agissait pas de toi et de Djibril.

– Oui... Je ne suis pas plus avancé.

Je suis sonné, fatigué, las, perdu, renfrogné, en colère. Je me questionne sur l'attitude des autres, mais aussi sur ce qui, en réalité, m'a poussé effectivement à entretenir une telle relation avec Djibril et personne d'autre ; ainsi que sur mes motivations, il y a près de cinq ans, à intégrer une telle confrérie de musulmans...

Nous sommes maintenant à la porte de la mosquée : nous retirons nos chaussures et les posons sur les étagères dévolues à cet effet. J'ai effectué ce geste des milliers de fois depuis plusieurs années. Ici, j'avais pour habitude de me sentir mieux que chez moi. Ici, j'étais chez mon « Père le Très Haut », en quelque sorte. Aujourd'hui, depuis quelques minutes à peine, je ne sais même plus

Le regard des frères salafistes

qui je suis au juste, ce que je fais là. À ce moment bien précis, quelque chose vient subitement d'évoluer en moi, comme une barrière mentale qui est sur le point d'être franchie. Ce sont toutes ces histoires de rivalité, de lutte d'influence pour un bout de moquette dans la mosquée... Mais bien plus encore aujourd'hui, c'est cette suspicion qui pèse désormais sur ma réputation, qui semble être le poids de trop sur mes épaules. Mourad ne se rend pas compte de la déferlante mentale et émotionnelle qui est sur le point de me submerger – et qui déferlera en moi plusieurs années durant.

– Ne te rends pas malade, je te le répète, il n'y a rien de dramatique à cela. Nous en reparlerons toi et moi, me dit-il.

– Mourad, mon frère... Que ta prière soit acceptée par Allah. Je ne trouve rien de plus à lui dire. Et lui de me répondre selon le rituel :

– Que Dieu accepte l'offrande de notre prière à tous. Va vers Djibril, ne changez rien de vos habitudes en public... pour le moment. C'est comme un coup de poignard dans le cœur. Pour le moment ? Et si notre relation était réellement plus qu'une fraternité après tout ? Et si je devais renoncer aux sentiments que nous partageons Djibril et moi depuis cinq ans ? Je suis néanmoins le conseil de mon aîné et me dirige vers le premier rang des fidèles, où Djibril m'a gardé une petite place près de lui, comme à l'accoutumée. Le meilleur ami de Djibril est là lui aussi, il se lève avant que j'aie pu prendre place dans le rang des frères qui commence à se former, et me glisse à l'oreille :

« Crains Dieu dans ton âme », encore une formule rituelle pour signifier à une personne qu'elle est sur le point de commettre un péché, « cesse de t'afficher en compagnie de Djibril de la sorte en public ! Cesse de te coller à lui perpétuellement ! » Visiblement, cette petite histoire qui n'aurait « rien de dramatique », d'après les dires de Mourad, semble être prise un tantinet plus au sérieux par le reste de la communauté. Je n'ai pas le temps de lui répliquer quoi que ce soit : l'imam a pénétré dans le *mihrab* et le silence se doit d'être fait avant le début de la prière. Je cherche furtivement le regard de Djibril, séparé de moi par Rachid et par toute une confrérie de salafistes, loin, de plus en plus loin. Ce jour-là, Djibril et moi ne prierons pas côte à côte. L'imam prononce la *takbira* qui marque le début de la prière. Nous le suivons tous en pénétrant dans cet espace mystique, face à Dieu, dans lequel je me suis tant de fois perdu en amour pour l'Éternel. Mais ce jour-là, durant la prière, ce n'est pas vers Dieu que mon esprit se tourne. Mes pensées vagabondent à la recherche d'une solution pour me retirer, aussi discrètement que possible, de cette impasse dans laquelle je semble m'être fourvoyé au fil des mois, et sans doute même depuis plusieurs années.

Que suis-je venu chercher au juste, ici même en cette demeure de Dieu ? Qui, ou quelle partie de moi-même ai-je fuie toutes ces années durant ? Je ne sais comment j'ai pu en arriver à me mettre dans une telle position : être aussi dépendant d'étrangers au point de leur donner l'occasion de faire pression sur moi de la sorte, de salir ma réputation et celle de Djibril. Je suis comme pris entre le marteau de l'intransigeance de mes parents vis-à-vis de ma pratique religieuse, qu'ils jugent par trop ostentatoire, et l'enclume du dogmatisme de soi-disant frères que je regarde aujourd'hui, pour la plupart, comme les étrangers qu'ils ont toujours été. Quelle voie dois-je emprunter aujourd'hui afin de sortir par le haut de ce dilemme qui m'arrache l'âme en silence !?

Œcuménisme et Tawhid

> « Ô gens du Livre, venez à une parole commune entre nous et vous : que nous n'adorions que Dieu, sans rien Lui associer, et que nous ne prenions point les uns les autres pour guides en dehors de Dieu. »[27]

On aurait pu supposer que l'intérêt renouvelé des Algériens pour leur identité, près de vingt ans avant ce que l'on appelle le « Printemps arabe », aurait pu mener l'Algérie à plus de maturité politique et à une concorde civile et intercommunautaire dont l'indépendance, en 1962, avait été incapable d'accoucher. Pourtant, l'année 1995, la plus meurtrière de toutes celles qu'a connues l'Algérie depuis les premières émeutes populaires de 1988, commence par un bain de sang. C'est une débauche de corps calcinés, après des années de terrorisme et de guerre civile dont les réels protagonistes, à ce jour, ne semblent pas clairement identifiés. La déflagration de

---

27. Coran : « La famille d'Amram » ; 2.64.

cet attentat, perpétré dit-on par un adolescent conduisant une voiture bourrée d'explosifs, a été ressentie des kilomètres à la ronde.

Nous sommes le 30 janvier 1995, il est un peu plus de 14 h 30. Je me rends de la mosquée à la maison de ma grand-mère lorsqu'un grondement sourd, effrayant, retentit soudain au loin et fait trembler jusqu'aux fondations des immeubles coloniaux de la capitale ! Les battements de mon cœur s'accélèrent, mes jambes vacillent. Certains passants s'interrogent tout haut, d'autres échangent des regards médusés, emplis de terreur froide. Ma mémoire ne fait qu'un tour, mon sang se glace : ce bruit qui gronde comme le tonnerre, les bâtiments qui s'ébranlent. Le tremblement de terre du 29 octobre 1989, auquel j'ai assisté, avait provoqué les mêmes effets ! Mais un homme vient de plus bas dans la rue, me dépasse en criant à tue-tête :

« Une bombe, c'est une bombe ! Ils ont mis une bombe en plein centre de l'*assemat* – Alger la Blanche ! » Une bombe qui fait trembler la ville à la manière d'un séisme ? Ça n'est pas possible ! De surcroît, les terroristes ne sont jamais parvenus à pénétrer aussi loin dans l'Algérois. Pas avant aujourd'hui, visiblement. C'est alors qu'un second bruit plus sourd que le précédent mais aussi plus effrayant, comme celui que ferait un immeuble qui s'écroule, nous parvient de loin. « Mon Dieu, viens-nous en aide et accueille-nous en Ta miséricorde le jour où Tu saisiras la terre en Ta main droite et... et le ciel dans... » Mais les mots me manquent pour finir cette prière que je récite pourtant chaque jour ! J'ai l'esprit sous l'emprise de la peur, mes jambes ploient sous l'effet conjugué de la panique et de l'incrédulité. Ce type doit forcément se tromper ! Je ne prends pas le temps d'analyser la situation plus en détail. Je marche d'un pas pressé pour me réfugier chez moi. La maison est plus proche de la mosquée et je me dois de rassurer mes parents. D'autant que les forces de l'« ordre » ne vont pas tarder. Elles se vengent sur les « fous de Dieu » qui n'ont pas encore quitté les grandes villes pour rejoindre le maquis. Et ma barbe d'adolescent ressemble un peu plus chaque jour à une vraie barbe d'adulte. Mais paradoxalement, et à mon grand étonnement, un calme de fin du monde s'abat très vite sur la capitale : pas une sirène de voiture de police, pas une alarme ne retentira ce jour-là dans le centre avant un moment interminable. C'est le signe que les choses sont encore plus graves qu'il n'y paraît. Qui plus est, j'ai déjà entendu des bombes exploser dans la banlieue toute proche d'Alger. Mais celle-ci devait être d'une charge prodigieuse pour ébranler la ville entière ! Une fois chez moi, après avoir rassuré mes parents, je rejoins devant le poste de télévision la famille, dont certaines de mes tantes qui travaillent non loin de chez nous, qui ont dû évacuer leur lieu de travail et sont venues se réfugier chez mes parents. Quels que soient les réels commanditaires de cet attentat, ils n'ont pas lésiné sur les moyens cette fois-ci. Ils ont frappé fort et n'ont pas fait dans la dentelle. Les flashs d'informations de la télévision algérienne se succèdent, pour une fois avant les chaînes de télévision

Œcuménisme et Tawhid

françaises, informant le peuple en temps réel ! Les premières images montrent le bâtiment du commissariat central d'Alger en ruine : il a été soufflé par l'explosion. La rue est dévastée, c'est l'avenue la plus fréquentée de tout le centre-ville. Tous les ministères, les administrations, la plupart des banques se trouvent représentés ici. Cette vive émotion qui m'étreint et submerge ma conscience me donne l'impression d'y être.

Rien n'a survécu au souffle de l'explosion : des dizaines de mètres autour, des centaines de vies sont exterminées. Bien que nous soyons dans une des avenues les plus larges du centre-ville, elle n'en paraît pas moins terrible-ment étroite et propice à la propagation des flammes qui ne peuvent monter au-dessus des cinq ou six étages des bâtiments de part et d'autre de la rue. C'est désormais un tombeau ardent à ciel ouvert. Les flammes lécheront les corps sans relâche avant de finir par s'apaiser, repues par tous ces malheureux innocents qu'elles ont dévorés avec la plus minutieuse, la plus froide des voracités. Comme si Dieu ne voulait laisser aucun témoin d'un tel acte de barbarie inhumaine. C'est désormais un véritable champ de bataille : les corps calcinés jonchent la chaussée, collés parfois deux à deux. Le bâtiment est éventré, affaissé sur lui-même. Il ne reste rien de la vie qui habitait ces lieux quelques minutes auparavant. En revoyant les images qui tournent désormais en boucle au journal télévisé, entouré du reste de la famille qui a fini par se réunir chez nous comme pour mieux supporter de voir l'innommable, j'ai encore les larmes aux yeux, le cœur serré de penser à la souffrance, à la frayeur sans fond qu'ont dû endurer ces pauvres innocents. Mes tantes ne cachent pas leurs larmes mêlées de colère, d'une peur pareille à celle d'un orphelin que l'on viendrait de rosser. L'expectative a cédé le pas au sentiment d'impuissance – une fois encore. Les visages reflètent des sentiments torturés d'incrédulité teintée du désespoir des faibles, de la panique qui s'est emparée de tout un peuple. Aujourd'hui, ce qui fut la capitale bourgeoise, épargnée, d'un pays en guerre, a été touchée en son cœur.

L'intelligentsia ainsi que la classe moyenne émergente et située en grande majorité dans les villes avaient été jusqu'alors épargnées par les vagues de massacres connues par l'Algérie depuis de nombreuses années. À présent, il n'en est plus ainsi : Oran à l'Ouest, Annaba l'ancienne Bonne de l'Est, Constantine, Tlemcen : le joyau andalou et raffiné du Sud... Toutes ces villes autrefois épargnées par la guerre civile sont désormais au même titre que le reste du pays la proie de la terreur. Nul ne sera-t-il désormais plus à l'abri d'une telle violence gratuite ! ? La théorie du complot bat son plein ; les gens du peuple pensent, de plus en plus ouvertement ces derniers temps, que les « terroristes islamistes » terrifient les habitants des plaines fertiles de la *mitidjas*, qui peuvent désormais être rachetées – serait-ce un pur hasard – à bas prix par les proches du « pouvoir ». « Après l'or noir du sous-sol, c'est au tour de la poussière, de la terre qui le recouvre d'être accaparée toujours par les mêmes... », a-t-on pris l'habitude d'affirmer sous cape dans les faubourgs de la capitale, sans jamais oser aller jusqu'à préciser de quels *mêmes* il s'agit là. Car de telles forces militaires existent bel et bien ! Mais, selon toute vraisemblance, Cerbère semble aujourd'hui s'être retourné contre son maître d'hier !

Quels que soient les tenants et les aboutissants politiciens d'une telle barbarie, depuis ce jour-là, je ne ferai plus corps avec cette entité multipolaire aux nombreux faciès, tel un chien des enfers déchaîné, que sont les salafistes de tous bords. Je regarde les images défiler au journal du soir. C'est au-delà de la honte. J'ai le sentiment que le *kamisse*, cet habit traditionnel que j'ai si longtemps chéri, ne me protège plus des autres. Je sens remuer jusqu'à mes tripes de savoir que j'ai, ne serait-ce que de très loin, quelque chose à voir avec ces gens-là. Je ne suis plus désormais capable de maintenir ce statu quo. Quelque chose en moi a bougé aujourd'hui pour la première fois depuis bien trop longtemps : « Bouge-toi de là Ludo, et vite ! » Je me souviens m'être fait cette réflexion intérieure en langue française : l'une de mes deux langues maternelles que je me suis pourtant conditionné à ne plus utiliser depuis que je suis revenu vivre à Alger, Djibril m'ayant souvent dit que le français est la langue des impies. Mais c'est dans des jours comme celui-ci que je me rappelle que la culture occidentale fait aussi partie de moi.

Ne plus refouler la moindre des particularités qui fait de moi un individu à part entière, sous prétexte qu'elle ne collerait pas parfaitement à cet idéal de pureté originelle, impossible à atteindre, dicté par une représentation de la religion que certains hommes voudraient figée, stagnante, archaïque, croupissante ! Cette fois, les prêches soporifiques de ces imams de la mosquée ne calmeront semble-t-il pas mon libre arbitre, brimé depuis si longtemps. Ils se réclament tous de ces musulmans des premiers temps de l'islam, décrits par la tradition comme des héros épiques. Bien entendu, je n'ai jamais douté que cette période de l'histoire du monde arabe ait été idéalisée et glorifiée à outrance ; une phase de l'histoire du monde où des individus pleins de bonne volonté ont su donner de leur personne, dans le but de prendre à bras-le-corps la concrétisation de leurs idéaux et l'instauration d'un ordre social plus équitable. Et que font ces barbares des temps modernes ? Assoiffés de pouvoir, ils égorgent, violent, tuent parfois de jeunes enfants ! Ils pillent, razzient, ruinent l'économie de tout un pays, simplement pour leur profit personnel ! D'autres « musulmans » de notre époque se sont *aliénés* au point de n'avoir d'autre perspective d'avenir pour leur peuple que leur promettre la fin de ce monde : le paradis ou l'enfer, il faudrait choisir, et immédiatement ! Une psychose collective et cosmogonique, une folie douce !

L'islam – tout comme d'autres religions empreintes d'amour, à l'origine tolérantes et ouvertes sur le monde – semble s'être par trop attaché au côté *exotérique* des textes sacrés, au *din* : la « loi absolue » en hébreu, qui signifie également en arabe « dette envers le maître »[28]. C'est ainsi

---

28. Cette thèse est notamment défendue par OUAKNIN (Marc-Alain), *Mystères de la kabbale*, Paris, Assouline, 2003.

que l'islam aurait délaissé le côté ésotérique et mystique de la pratique religieuse : « L'homme est soumis, impuissant, aux décrets absolus de Dieu, à la prédestination du bien et du mal, à la fatalité. C'est ce qui est connu sous le nom de *mektoub*. » Aussi la civilisation a-t-elle pu former des populations dont certaines franges peuvent facilement tomber dans le piège du fatalisme, puis du « fanatisme », où chacun mériterait le sort que le plus puissant, parmi la communauté, lui imposerait au nom de Dieu. C'est certainement bien là l'une des sources de la crise que connaît le monde arabo-musulman de nos jours. À force de ne vouloir placer aucun intermédiaire entre leur Dieu et eux, ce qui à première vue a permis d'éviter de nombreux siècles durant les abus de pouvoir de clergés trop autoritaires, a fini par se retourner contre les musulmans qui voient n'importe quel « érudit » s'ériger en *descendant direct du Prophète*, ou encore en ayatollah : « preuve d'Allah sur terre », rien que ça ! La cause tout autant que le résultat de ce cercle vicieux de l'ignorance et des luttes de pouvoir interminables, c'est une masse informe et chaotique où chacun tire de son côté la peau de chagrin d'une communauté musulmane qui, bien souvent, n'a plus d'autre choix que se dévorer elle-même, ou désigner en son sein des boucs émissaires que l'on a vite fait de qualifier de « déviants » : les homosexuels, les personnes transidentitaires[29], les femmes ; en un mot, les plus faibles qui n'ont pas les moyens politiques ou financiers de défendre leurs droits à exister. Pourtant, le

____

29. Transgenres ou transsexuels.

message porté par l'islam des origines semble avoir été celui du *Tawhid* – l'unicité de l'humanité, en miroir de celui de Dieu. Mahomet avait appelé les communautés à coexister dans le respect de la diversité de chacun. Il est dit dans le Coran : « Dis : Chacun agit selon son genre – en arabe shakilat –, mais votre Seigneur connaît parfaitement celui qui suit le meilleur chemin. Ils t'interrogent sur l'âme. Dis-leur : L'âme relève de l'ordre exclusif de mon Seigneur et, en fait de science, vous n'avez reçu que bien peu de chose. » Ici, *shakilat* pourrait être traduit par « nature profonde sur laquelle l'individu a été façonné » ou encore « identité de genre »[30]. C'est une interprétation certes bien plus moderne et progressiste que celle que veulent imposer les plus dogmatiques des musulmans. Seul Dieu sait pourquoi il nous a créés ainsi, et pourquoi chacun, chacune agit de telle ou telle manière, en fonction de son genre ou sa sexualité. Mais mes connaissances désormais accrues en sciences islamiques, ainsi que cet attentat perpétré en plein centre d'Alger, me conduiront à penser que l'aventure *exclusive* du dogmatisme monothéiste touche à sa fin. L'avenir de l'humanité ne semble pas entre les mains de dogmes religieux, institutionnalisés et non inclusifs. D'ailleurs, quel genre de dogme résistera au XXIe siècle qui s'annonce comme celui de l'hypertrophie de l'individualisme[31] !? Le déchaînement de telles violences fanatiques ne semble être, vraisemblablement, que les derniers soubresauts

---

30. Coran : 17.84-86.
31. SERRES (Michel), *Hominescence*, Paris, Gallimard, 2003.

d'un dogmatisme avec lequel je ne veux plus aujourd'hui avoir rien à faire. Mon être tout entier veut croire désormais que c'est l'humain qui est à la source de l'idée qu'il se fait du Divin.

Mais comment faire puisque nous ne pouvons appréhender l'infini *corps du Divin* qu'à notre échelle intellectuelle toute relative : nous forgeons des dogmes et des tabous, au sujet desquels certains préfèrent mourir plutôt que de les voir contester ! C'est la notion du *corps de Dieu* que développent Charles Malamud et Jean-Pierre Vernant, qui décrivent comme la tension entre le besoin d'une présence divine directement accessible aux hommes et la nécessité de soustraire le Divin à toutes les limitations du monde auquel il doit demeurer étranger[32]. N'est-ce pas ce que moi-même j'ai tenté de réaliser en me construisant une façade identitaire arabo-islamique, épurée, idéalisée, qui somme toute n'a fait qu'aliéner une partie de moi ? Pourtant j'abonde aujourd'hui, après une petite vingtaine d'années de réflexion à ce sujet, dans le sens de Raymond Boudon qui affirme que « les grandes traditions religieuses tendent désormais à fournir les ingrédients d'un "bricolage" mental. On leur emprunte des symboles, des concepts, des techniques ; mais on en emprunte aussi à la psychologie ou à la psychanalyse [...] Au total, les réponses sur le bien et le mal paraissent, comme les réponses sur les croyances religieuses, traduire ce que Max Weber qualifia de processus de *rationalisa-*

---

32. MALAMOUD (Charles) et VERNANT (Jean-Pierre), *Le Corps des dieux*, Paris, Gallimard, 2003.

tion : on tend à prendre les notions religieuses au second degré ; à leur conférer une interprétation symbolique ; à leur donner un sens *immanentiste* ; à ne plus croire aux interdits absolus : aux tabous [...] On tend à une morale fondée sur le principe cardinal que tout ce qui ne nuit pas à autrui est permis ; qu'aucun comportement ne peut donc être condamné s'il peut être démontré qu'il nuit à autrui. On tend à donner le statut de *tabou* à tout interdit dont on ne voit pas en quoi le comportement qu'il condamne peut nuire à autrui. »[33] Oui, vingt longues années m'auront été nécessaires afin d'élaborer ce que je considère aujourd'hui comme une *prise de conscience*.

« Pauvre de moi qui n'ai que mes rêves :
J'ai jeté mes rêves à tes pieds,
Alors piétine doucement, car tu piétines mes rêves. »[34]

33. BOUDON (Raymond), *Déclin de la morale ? Déclin des valeurs ?*, Paris, PUF, 2003.
34. YEATS (William Butler), *The Wind Among the Reeds*, Whitefish, Montana, Kessinger Publishing, 2004.

Partie II – FIN D'UN MONDE

Prise de conscience

« Nous avons fait de vous des peuples et des tribus afin que vous appreniez à vous connaître. Le plus noble d'entre vous pour Dieu est le plus pieux. Dieu est parfaitement sachant et bien informé. »[35]

Malheureusement, à l'adolescence, ce n'est pas le respect des ethnicités, de la diversité des identités de genre, des orientations sexuelles, que l'on a tenté de m'inculquer. L'islam salafiste que j'ai reçu en héritage n'était pas plein d'espoir en l'œcuménisme universel. Il ne se voulait pas aussi resplendissant que les zelliges de la mosquée du Prophète à Médine, invitant au recueillement ; il n'était pas plus épuré que les staffs sculptés au plafond de l'église Sainte-Sophie à Istanbul. Cet islam des temps anciens, que j'ai tant idéalisé, se voit irrémédiablement attaqué au couteau par des dogmatiques musulmans qui de nos jours instillent les germes de la

---

35. Coran : 13.49.

haine, de la scission tel un poison sans remède, chaque année un peu plus consciencieusement, diaboliquement organisées, déployant des trésors d'une ingéniosité terrible, désarmante par sa simplicité, et ce dans l'unique but d'enlever cette vie qu'ils proclament sacrée. Eux qui disent suivre au pied de la lettre les préceptes des sages religieux de l'âge d'or de l'islam sont en fait les ennemis de la culture : « Sourds, muets et aveugles : ils sont voués à la perdition ! »[36]

La religion doit être conçue comme un art ; la politique et la guerre aussi, paraît-il. La religion est l'œuvre d'art du *corps de l'humanité* : à la foi sublime, indispensable à la maturation de notre inconscient collectif. Tout autant qu'inutile en tant que dogmatique sclérosée, handicapante et à bannir un jour au profit d'une quête spirituelle épurée. George Groddeck[37], célèbre analyste contemporain et correspondant de S. Freud, nous dit de la maladie qu'elle est le langage du corps, une œuvre d'art et l'ultime refuge de l'individualité ! Tel devrait être un jour le devenir, la fin ultime de toute forme de dogmatisme, si l'on veut accéder à « plus d'humanité ». Mais après ma rupture émotionnelle avec ceux qui furent mes frères, les salafistes, cette bouée au milieu de l'océan d'angoisse et d'hystérie qu'aurait pu être ma vie, comment pourrais-je accéder, moi, à « plus d'humanité » ? Que vais-je devenir, ici en Algérie ? Que vais-je faire de cette dogmatique reli-

---

36. Coran : 2.18.
37. GRODDECK (Georg), *Le Livre du ça*, Paris, Gallimard, 1976.

gieuse qui semble si farouchement opposée à l'expression de mon identité profonde ?

Je suis là, seul dans ma chambre. Le reste de la famille s'est réuni dans la salle à manger, plus pour se réconforter les uns les autres que pour véritablement dîner. Les événements auxquels j'ai été confronté ces derniers jours, ajoutés à des aspects autrement plus intimes de ma vie, me poussent à envisager certaines résolutions vis-à-vis de mon engagement salafiste. Ce déchaînement de violence abjecte dans les rues d'Alger et des rêves érotiques récurrents nous mettant en scène Djibril et moi – je venais d'apprendre son mariage imminent avec une femme lorsque j'ai eu mon premier rêve à l'âge de quinze ans – s'ajouteront à l'impression amère d'une hypocrisie, d'une imposture que je conserverai désormais vis-à-vis de toute forme de dogmatisme, qu'il soit religieux ou à l'inverse areligieux. Je ne doute pas, pour y avoir goûté, que cet « opium du peuple » aura pour des siècles encore autant de vertus sur certains humains : il leur donnera un sentiment de plénitude, d'humilité, de joie intense. Mais est-ce pour autant la forme de vérité après laquelle j'ai couru ? Je ne cherchais pas consciemment à travestir la réalité de mon existence. Mais une fois pris au jeu d'un autre qui est à la fois soi-même, il est dur de s'éveiller. Pourtant, si nous sommes censés tous nous conformer aux mêmes modèles de pureté, de moralité, pourquoi Dieu m'impose-t-il alors ce physique encore par trop *différent*, androgyne malgré tous mes efforts pour le masculiniser, et ces rêves « contre nature » ? Je

Prise de conscience

pense désormais que c'est à moi seul de me positionner par rapport à tout ceci.

Ce soir-là, après le dîner, après que mes tantes et ma grand-mère ont quitté la maison, mon père décidera de l'avenir de la famille. Il nous réunit ma sœur et moi, mon frère n'étant pas encore rentré de l'université. Je connais la teneur des propos qu'il a tenus à ma mère au téléphone, déjà rentrée en France. La décision de mes parents est prise :

– Les enfants, nous ne pouvons pas rester ici. Vous rejoindrez votre mère qui est désormais installée à Marseille.

– Oui c'est la meilleure solution, je le pense aussi, lui dis-je alors tout de go.

– Je ne veux rien entendre ! Tu remontes en France que tu le veuilles ou non !

Mon père n'a pas pris en compte mes propos : il faut dire qu'il s'attendait très certainement à un refus catégorique de ma part.

– Oui ! Je viens de te dire que oui ! Nous repartirons pour la France parce que c'est la meilleure des solutions qui soit.

Mon père en reste coi de stupéfaction. Il ne parvient pas à comprendre ce qui m'arrive, je le lis sur son visage. C'est bien la première fois que je cloue le bec à ce vieux bougre, qui m'aura pourtant tant appris dans la vie ! Il finit par reprendre la parole :

– Bon alors... eh bien dès le mois d'août, vous rentrerez sur Marseille afin d'être tous deux inscrits au lycée : votre mère a déjà tout prévu.

– Marseille ? Pourquoi Marseille et pas Paris ?

Ma sœur veut savoir la raison du choix qui s'est porté sur cette ville où nous n'avons jamais mis les pieds, ni moi ni elle, et alors que nous avons tous deux grandi à Paris. Pour ma part, Marseille ou le Kamtchatka : peu m'importe !

– Ta mère préfère rester dans le Sud : à Paris, elle sait que le soleil lui manquera trop ; et puis à Marseille il y a plus d'Arabes, ce sera plus facile de nous y réintégrer. Et puis vous serez plus proche d'Alger et de la famille. Votre frère aîné restera avec moi pour finir son cycle d'études à la fac, qui s'achèvera dans un an. Le temps que je liquide mes affaires ici et je vous rejoindrai moi aussi là-haut.

Peu m'importe la précipitation dans laquelle les événements s'enchaînent, car je sens au fond de moi que je suis sur le point de renouer avec moi-même, pour la première fois depuis des années. Pour la première fois, je sens en moi cette force, cette certitude qui ne me quittera jamais plus totalement et me poussera dorénavant à ne jamais me laisser porter par les événements en courbant l'échine. Cet été-là, j'ai pris intérieurement la décision de vivre *ma* vie, enfin ! Je sais pour l'avoir observé depuis quelques mois, depuis que nous avons repris un semblant de dialogue lui et moi : mon père a peur que ce déclic, que cette pulsion de vie ne revienne jamais. Il me pensait capable de quitter ma famille pour rejoindre ces illuminés des groupes armés, de vivre comme une bête dans les grottes, en resquillant afin d'échapper aux militaires. Je lui ai pourtant maintes fois expliqué quel péché cela représentait de pouvoir envisager de tuer son propre frère : *Je ne suis pas de ces gens-là ! Cesse donc de croire que tu sais tout ce qu'il y a à savoir sur tes enfants !* avais-je désespérément envie de lui crier à la face. Mais qu'aurais-je fait à sa place avec un fils comme moi ? Oui, un jour moi aussi j'ai été misogyne et homophobe.

Un jour lointain, je serai de nouveau en paix avec moi-même, comme au moment de ces premières années d'une adolescence qui fut bénie, passées avec les salafistes du quartier de ma grand-mère à Alger, à découvrir simplement la vie, encore loin à l'époque de tout dogmatisme, le cœur empli d'espoir pour une tradition spirituelle islamique que je chérissais tant. Un jour lointain, je serais de nouveau *muslim* : littéralement, « celui qui est en paix », avec moi-même et avec les autres. Cela, je le devrai au courage qu'il m'a fallu trouver en moi de m'assumer, totalement et sans compromission. Ce courage se manifeste aujourd'hui par le désir de connaissance, par l'envie de savoir. Je m'intéresserai tout particulièrement dans les années à venir à la raison véritable de la condamnation, par certaines autorités musulmanes dogmatiques, de leurs frères et sœurs homosexuels. Mais à dix-huit ans, je quitterai Djibril presque sans un mot. Le choix de la rupture, en outre, ce sont mes frères salafistes qui le feront pour moi. Peu avant de quitter l'Algérie pour de bon, nous sommes allés, Djibril, son ami d'enfance Mohamed et moi-même, chez un de nos frères – Anas, qui venait de se marier –, pour l'aider à débroussailler son lopin de terre, afin d'en faire un jardin. Le soir venu, exténués, nous avons dormi à même le sol, sur un drap, pour couvrir le carrelage brûlant en cet été-là à Alger. Les autres me croyaient endormi et c'était le cas, jusqu'à ce que des bribes de leurs conversations me parviennent à travers les limbes du sommeil. J'ai entendu Djibril dire à Mohamed qu'il ne pouvait pas m'abandonner, tout simplement me tourner le dos, qu'il se sentait en quelque sorte responsable de moi...

– Qu'il tombe dans un trou ! Djibril, tu dois penser à toi ! Bientôt, il sera un homme à part entière et toi tu vas te marier : « Mariez-vous, car le mariage est la moitié de la religion »[38], ce sont les paroles du Prophète, n'est-ce pas ?

Djibril a toujours été un dévot, depuis son plus jeune âge. Il est reconnu aujourd'hui par la plupart comme le plus érudit parmi les jeunes coreligionnaires de notre confrérie :

– Oui, le Prophète l'a dit, que la prière et le salut soient sur lui. Mais je me refuse tout de même à le laisser tomber...

– Djibril, tu ne dois pas gâcher ta réputation et ton avenir pour lui. Tu n'en as pas le droit ; tu dois cesser de penser aux autres.

Djibril a appris la leçon de sa vie. Torturé, il partira à La Mecque faire un pèlerinage peu de temps avant son mariage. Lorsqu'il reviendra à Alger, il me dira, en me regardant à peine dans les yeux, comme si j'étais une femme sans son voile, que j'étais pour lui un *fitnah*, une tentation, et qu'il ne pouvait plus continuer à me voir. Les jours qui suivirent furent véritablement une torture pour

---

38. Il est en réalité peu vraisemblable que ce hadith soit authentique.

Prise de conscience

moi. Mais j'aurai fini par apprendre, comme Djibril, la leçon de *ma* vie.

Je ne savais pas encore à l'époque que la voie royale contre le dogmatisme et la superstition est celle de la raison ; une voie royale qui n'est pas incompatible avec la quête spirituelle, bien au contraire. C'est ce qu'affirmait Ibn 'Arabi, le « maître des maîtres du soufisme » qui disait : « Le Législateur a [...] reconnu la capacité de la pensée spéculative à établir l'existence de Dieu, c'est-à-dire du plus fondamental des principes, puis à reconnaître l'unicité de Sa fonction de divinité »[39] ; comment Dieu pourrait-il nous interdire de mener à bien, de manière apaisée et raisonnée, nos propres vies intimes, dont il a lui-même décidé de les créer ? Je comprendrai plus tard qu'il s'agit là en réalité d'un tabou lié à la pénétration de l'homme, qui se devrait d'être masculin et non pénétré comme une femme. Mais qu'en réalité, l'homosexualité n'a rien de « contre nature » selon une certaine représentation de l'islam, bien au contraire. Comme le constate l'historienne et anthropologue Jocelyne Dakhlya : « La séparation des sexes semblait induire, de part et d'autre, des pratiques d'amour du même. »[40] Même s'il n'est pas question ici d'« expliquer » l'homosexualité uniquement par la séparation des sexes, il s'agit d'y réfléchir de manière posée, raisonnable, et non pas de considérer toute forme

---

39. IBN 'ARABI, *Les Illuminations de La Mecque*, Paris, Albin Michel, 2008.
40. DAKHLYA (Jocelyne), « Harem : ce que les femmes, recluses, font entre elles », *Clio*, n° 26, 2007, http://clio.revues.org/index5623.html

d'homosexualité comme une « abomination », comme semblent l'avoir fait d'ailleurs certains – ou certaines – de nos prédécesseurs de confession musulmane. En d'autres termes, dans le monde arabo-musulman avant l'ère moderne, les rapports sexuels entre hommes ne suscitaient pas les polémiques qu'ils semblent provoquer aujourd'hui ; parfois, il semblerait même que ce soit tout le contraire. Certains historiens et anthropologues reviennent désormais sur cette tolérance méconnue du monde arabo-musulman au sujet de sexualités et d'identités de genre que l'on a considérées, au tournant de la modernité en Occident comme en Orient, déviantes[41]. Mais à l'époque, le jeune adolescent que j'étais fut bien incapable de prendre conscience des enjeux sociétaux et géopolitiques sous-jacents à mon exclusion de la confrérie des salafistes algérois ; une exclusion qui, la maladie et les difficultés de la vie y contribuant, fut le début d'un très long désert spirituel, que je mettrai près de quinze ans à traverser[42] ; quinze ans durant lesquels je rejetterai violemment l'islam.

---

41. EL-ROUAYHEB (Khaled), *L'Amour des garçons en pays arabo-islamique : XVIe-XVIIIe siècle*, Paris, Epel, 2010.
42. Consulter mes dernières publications à ce sujet sur le site Internet des homosexuels musulmans de France, section « L'Islam inclusif et la diversité des genres et des sexualités » où figurent différents articles concernant la possibilité d'une réforme de la représentation de l'islam, http://www.homosexuels-musulmans.org/islam-inclusif-lesbienne-gay-bisexuel-transsexuel-transgenre.html

Réminiscences

« Les vagues peuvent toujours frapper,
elles ne feront qu'affûter le rocher. »[43]

Nous ne retournerons pas à Alger, ni moi ni aucun membre de ma famille, pendant près de dix ans. Ma sœur et moi-même avons entamé des études universitaires : elle en médecine, moi en psychologie. Je suis dans ma voiture sur l'avenue de la Canebière, en centre-ville de Marseille, quelques jours avant de fêter ma vingtième année. Garé en double file, j'attends ma sœur qui achète le cadeau d'anniversaire de mon frère aîné ; un anniversaire que nous fêterons aussi dans quelques semaines. Pourtant, je suis loin d'avoir l'esprit à la fête, en cette période qui devrait être la plus belle de ma vie.

Je ne sais pourquoi, mes pensées virevoltent dans tous les sens. Soudain, une crise de larmes s'empare de moi. Je ne peux plus me retenir, j'étouffe en sanglots. Un

---

43. Dicton africain.

type vient de me mettre son poing dans la figure. Une banale altercation au sujet d'un stationnement gênant qui s'est mal terminée. Cette altercation fait remonter en moi cette culpabilité de ne pas être assez « viril », de ne pas être en mesure de me faire respecter. Je suis terrorisé mais je jure qu'un jour cela changera, que je me débarrasserai de cette culpabilité par trop handicapante ! Mais il ne peut s'agir uniquement de cela : cet événement n'est, semble-t-il, que la cause secondaire de la catharsis, de ce torrent d'émotion qui me submerge. Le mal-être est bien plus profond. Toute cette rage, toute cette colère que je m'interdis de vivre, que je n'ose pas laisser se déchaîner depuis de nombreuses semaines, devrait être dirigée contre quelqu'un d'autre : je le ressens plus que je ne le sais... Mes pensées vagabondent frénétiquement à la recherche dans mon passé d'un début d'explication à cette immense tristesse qui s'est subitement emparée de moi...

Je repense à l'état d'esprit dans lequel je me trouvais très peu de temps avant que l'été ne commence. J'estimais que ma personne ne méritait tout bonnement pas d'attention d'aucune sorte de la part des autres ! Le souvenir de certaines nuits blanches est d'ailleurs encore extrêmement vivace. Des nuits que j'ai passées à écouter des chansons mélancoliques au possible, au grand dam de nos voisins, qui à deux ou trois heures du matin auraient préféré dormir du sommeil du juste. Je me demandais encore et encore : *Bon alors ? Est-ce que la vie,* ta *vie vaut vraiment la peine, la terrible peine d'être vécue ? Ne vaudrait-il pas mieux en finir une bonne fois pour toutes !? Tu t'éviterais bien des souffrances !* Me voilà bien loin des idéaux religieux de ma prime adolescence qui considéraient pourtant le suicide comme un crime, un péché contre l'autorité de Dieu lui-même, un blasphème. Il n'en reste pas moins que par habitude, plus que par conviction, je me conformais encore et toujours aux préceptes de base : les cinq prières quotidiennes, le jeûne et la chasteté ; des habitudes, tout au plus, qui me raccrochaient à mon passé comme l'on se raccrocherait à une *scène du déluge*[44]. Des routines si bien installées dans mon quotidien que je me souviens avoir dû lutter, en tête-à-tête avec moi-même, pour me forcer à les abandonner ! Il faut dire qu'il m'arrivait de culpabiliser d'être celui que je suis, me réduisant à ma simple homosexualité et à l'image négative que l'on m'en renvoyait ; j'en culpabilisais au point d'avoir parfois le vertige au moment de faire ma prière ; à l'époque, je n'étais pas en mesure de me convaincre du fait que je me présentais, en prière, devant un Éternel qui se trouve bien au-delà de ce genre de réductionnismes tels que l'homophobie, dont seul l'être humain a le secret.

Quoi qu'il en soit, j'ai conservé à l'esprit, plusieurs mois durant après l'arrêt de toute pratique religieuse, l'impression que l'on m'aurait coupé un bras. Ce maelström d'émotions troublantes, contradictoires et morcelantes, me reviennent à l'esprit par cette après-midi

---

44. De l'un de mes peintres préférés, Anne-Louis Girodet-Trioson (1767-1824).

Réminiscences

d'automne à Marseille, dans ma voiture, alors que mes yeux n'en finissent pas de pleurer. Je me revois passer plusieurs semaines cloîtré dans ma chambre, rideaux baissés et porte fermée, afin d'oublier l'existence même du monde extérieur ; à tergiverser avec moi-même au lieu de me rendre au lycée pour préparer les épreuves finales de mon baccalauréat (que je décrocherai toutefois avec une mention à peine un mois plus tard). Avant d'en arriver à la conclusion suivante : *Voilà ce que tu vas faire. Tu es encore tout jeune !* me suis-je dit. *Donne-toi cinq ans ! Cinq années pour te faire une opinion sur la vie. Si toutefois tu t'aperçois que d'ici à tes vingt-cinq printemps il n'y a vraiment aucun espoir, que tu ne peux pas être heureux sur cette terre, alors tu pourras quitter la vie l'esprit serein, peut-être même apaisé !* Il s'agissait là, je m'en souviens parfaitement, d'une véritable négociation avec moi-même. Cette réflexion sur ma vie, je l'ai eue quelques mois tout juste après avoir contracté, en juillet 1997, *à mon insu*, le virus du sida – je n'apprendrai que plus tard que je suis déjà séropositif à ce moment-là[45]. Mais paradoxalement, la maladie n'a en rien entamé cette rage de vivre heureux, loin de toutes formes de pressions sociales discriminatoires, injustes ; bien au contraire ! Pour mettre toutes les chances de mon côté, et ce, malgré le poids de la culpabilité d'avoir été contaminé qui ne me quittera pas des années durant, depuis 1997, mon attitude envers la vie est de... Je ne sais comment l'exprimer

---

45. Révoltes extraordinaires : un enfant du sida autour du monde, *op. cit.*

autrement qu'en parlant d'un film de science-fiction que j'ai vu pour la première fois à cette période-là de mon existence. Il s'agit de *Bienvenue à Gattaca*[46].

C'est l'histoire, au XXIe siècle, d'un homme génétiquement « imparfait », à l'ADN vierge de toute manipulation *in vitro* – à l'époque, plus personne ne se risquera à enfanter de manière « naturelle ». Cet homme rêve de réaliser une chose apparemment inaccessible : devenir astronaute et s'envoler pour l'espace. C'est là une métaphore des plus poétique, d'un avenir où le statut des individus sera davantage déterminé, moins par leurs compétences effectives ou leurs ambitions à venir, que par leur code génétique ; et ce, en plus de l'être déjà par des « étiquettes » sociales telles que, entre autres, leur genre ou leur sexualité. C'est dans un tel contexte que le frère du principal protagoniste de cette histoire, un être « génémodifié », lui propose une épreuve d'endurance physique, afin de les départager une bonne fois pour toutes d'une rivalité qu'ils entretiennent depuis l'enfance. Ils se rendent donc sur la plage, comme ils l'avaient fait tant de fois étant gosses. Là, le frère cadet, fort de sa supériorité génétique, se déshabille le premier. Il se jette à l'eau et nage. Puis, notre héros brave sa peur de l'inconnu, d'un échec tant et tant de fois promis par ses parents, par les médecins, par la société tout entière. Les algues vertes semblent être d'une couleur étonnement vive, tels des êtres venus d'autres horizons, en cette

---

46. Un film américain d'Andrew Niccol, avec Ethan Hawke et Uma Thurman, réalisé justement en 1997.

nuit de pleine lune. Leurs corps nus dans cette immensité verte semblent être le centre d'un autre monde, à l'atmosphère intime, le temps de ce duel fratricide. Le cadet demande à son frère :

– Comment arrives-tu à faire ça ! ? Comment es-tu arrivé à faire tout ça ?...

– Tu veux savoir comment j'ai fait ? lui dit-il alors. Je vais te dire comment j'ai fait... Je n'ai jamais économisé mes forces pour le retour ! lui répond-il alors sereinement, toujours imperturbable, avant de se lancer à nouveau à l'assaut de l'« autre rive ».

Vincent finira par prendre sa place dans le vaisseau spatial qui le mènera droit vers Titan, le plus important des satellites de Jupiter. Voilà le pouvoir d'un rêve humain ! Ses dernières paroles sur terre sont les suivantes : « Pour quelqu'un qui n'avait jamais été fait pour ce monde, je dois avouer que j'ai soudain du mal à le quitter. Bien sûr, on dit que chaque atome de notre corps faisait autrefois partie d'une étoile : peut-être que je ne pars pas... Peut-être que je rentre chez moi. Non seulement ce héros de science-fiction l'emporte contre l'oppression du fantasme de la « toute-puissance », incarné par son frère, mais il finira aussi par réaliser son rêve. Autant dire que je me suis fortement identifié à ce héros romantique des temps postmodernes, seul contre tous, confronté au dédain d'un frère « parfait », du moins à l'aune des normes sociales en vigueur à son époque. Cette histoire, tout comme la mienne je pensais à l'époque, est celle d'un garçon qui a dû très tôt lutter en duel avant tout avec lui-même, afin de parvenir à s'extirper du carcan que la société avait méticuleusement préparé pour lui. Je rêve aujourd'hui encore d'atteindre le niveau de détermination qui a été décrit comme étant le sien toute sa vie durant !

Le fait que mon introspection m'ait amené à me remémorer ce héros, en un moment si douloureux, n'est certes pas une coïncidence. En ce moment très précis où je me sens seul au monde, je pense connaître la cause de toute cette frustration, de ce désespoir sans fond. Mais mon esprit ne fait que tâtonner désespérément à la recherche d'un début de réponse, et il préfère s'en détourner rapidement pour se réfugier dans l'espoir, le rêve. La science-fiction me servira de réconfort à partir de ce jour et pour les nombreuses années à venir. À chaque fois que je me sentirai trop imprégné par l'austère réalité du quotidien, je me réfugierai sans hésiter dans un univers fait de merveilles technologiques, d'aventures extraordinaires. Cette dure réalité que je ne voudrais m'avouer, c'est qu'une partie de moi sait déjà que je suis séropositif. Je finirai par faire un test de dépistage du sida après avoir rompu avec celui qui fut pendant quatre mois mon compagnon.

Ma sœur interrompt mes réflexions :

– Qu'est-ce qui t'arrive ? ! Arrête donc de te mettre dans des états pareils, ça peut arriver à tout le monde de se faire frapper dessus injustement... Ma sœur cadette ne peut pas se douter que mon état n'a rien à voir avec mon altercation de ce matin. Mais comment le pourrait-elle ?

Réminiscences

– Oui je sais, ne t'inquiète pas, je... Un sanglot m'empêche alors d'ajouter la moindre parole. Je me jette dans ses bras et je pleure.

Je lâche tout. Tout ce poids, cette peur sans nom, cette angoisse, cette tristesse qui me ronge en silence. J'impose à ma sœur de me soutenir dans ce moment de détresse affolante. Mais tout le monde n'a pas à affronter sa propre finitude à vingt ans. Certains philosophes pensent que la conscience de la mort est la pierre angulaire de notre psychisme humain. Ce serait selon eux ce qui fait de nous une humanité consciente de sa finitude. Ce à quoi d'autres ajoutent que l'acceptation de son trépas, inéluctable, est certainement l'étape à franchir pour accéder à la maturité de la conscience : « Soupçonner sa propre mortalité, c'est connaître le commencement de la terreur. Apprendre irréfutablement que l'on est mortel, c'est connaître le terme de la terreur. »[47] Nous rentrerons à la maison ma sœur et moi sans que j'aie le courage ni la possibilité de lui donner la moindre explication au sujet de mon mal-être. Dès lors, j'aurai à parcourir un long chemin de croix afin de reprendre ma vie en main, la plupart du temps sans l'aide de personne ; tout au plus le soutien de ma sœur, dans une moindre mesure, de ma mère. Mais je parviens désormais à jeter un regard moins torturé, presque « zen », sur cette période-là de mon existence.

Rétrospectivement, je sais ainsi qu'encore plus que ce sentiment de culpabilité dû aux événements malen-

---

47. HERBERT (Franck), *Les Enfants de Dune*, Paris, Pocket, 1983.

contreux de la fin de mon adolescence, c'est davantage
la peine sans fond, la mélancolie désormais si profondément attachée à ce qui aurait pu être les plus belles
années de ma jeunesse, qui m'ont fait mal des années
durant. C'est ce sentiment d'un gâchis terriblement
regrettable qui m'a torturé. Un vague à l'âme si puissant
qu'il m'en a maintes fois donné la nausée. Au point bien
souvent d'en être venu à observer les jeunes de mon âge :
ceux qui avaient aussi vingt ans à l'époque, en ayant le
sentiment qu'un fossé impossible à combler nous sépa-
rait désormais. Je me disais : *Tu vois ces jeunes là-bas, ils
sont insouciants, ils rigolent, ils s'amusent. Toi, il n'est pas
sûr que tu puisses encore jamais connaître de tels moments
d'insouciance. Tu es différent d'eux, c'est fini ! Mets-toi bien
ça dans la tête !* et j'étais souvent tenté d'ajouter, toujours
pour moi-même, que j'avais mérité cette situation.

Mais bien entendu je n'étais coupable de rien : ni de
mon orientation sexuelle, ni de ma séroconversion.
Vaille que vaille, des années durant, je me ferai violence
pour ne jamais céder à la facilité que représente la
culpabilisation facile de la position victimaire, pour-
suivant mes études – ainsi que mon travail à mi-temps
– avec succès. Pour autant, ma séroconversion ne fera
que rendre encore plus difficile ma quête identitaire,
entre masculinité, féminité et rapport au corps ; une
quête déjà ardue du fait du racisme, du dogmatisme,
de l'homophobie et désormais de la sérophobie, et des
discriminations parfois violentes, que ces idéologies
exclusives entraînent inéluctablement. Il en a été ainsi

jusqu'à mes vingt-cinq ans où, épuisé par mes soins, je fus gagné par une dépression qui durera quelque trois mois, et que j'ai longtemps qualifiée pudiquement de « léger épisode dépressif », sans doute pour éviter de céder au tragique. Cette dépression aura pour effet de me donner cette impulsion nécessaire pour sortir la tête de l'eau une bonne fois pour toutes. Cette dépression commencera, paradoxalement, quelques années après avoir annoncé à mes parents mon homosexualité[48]. Il me faudra plusieurs années avant de trouver une place au sein de ma famille, sans plus avoir à cacher celui que je suis, toutes les facettes de mon identité, de manière cohérente et holistique.

----

48. Cet épisode-là est également raconté dans *Révoltes extraordinaires, op. cit.*

IDENTITÉ

« Je n'ai rêvé au ciel
Que comme d'un lieu de repos,
Car j'ai tant pleuré
Que je n'y vois qu'à peine.
L'enfer n'est qu'une étincelle
À côté de ce qu'a subi mon âme.
Et je ne crois au paradis
Que lorsque je goûte un instant de paix. »[49]

Quelques mois après avoir annoncé à ma famille mon homosexualité, ma mère fouillera dans ma chambre et finira par découvrir que je suis séropositif, en plus d'être homosexuel. Un soir, lorsque je rentre de l'université, elle est assise sur mon lit, le visage blême :

– Tu sais, n'est-ce pas, lui dis-je alors, et cela n'est pas une question.

---

49. Omar Khayyâm.

Paradoxalement, elle prendra cette nouvelle-là avec beaucoup plus de recul ; en apprenant mon orientation sexuelle, elle avait tout de même pleuré deux mois durant presque tous les soirs.

– Écoute mon fils... Tu es malade, il n'y a aucun problème à ça. Tu vas te soigner et nous te soutiendrons. Alors que l'homosexualité, ça a été...

Oui, l'homosexualité est bien plus dure à accepter pour ma mère que ma séropositivité. Mon père est déjà au courant le soir en rentrant. Ma sœur l'apprend en revenant de la faculté de médecine. Un silence de mort s'installe entre nous tous.

Le lendemain après-midi, je reparle de tout ceci seul avec ma sœur. Elle me dit ne pas comprendre pourquoi je n'en ai pas parlé plus tôt, au moins avec elle. Alors je lui dis combien il était difficile de faire de la peine à ma famille. De faire peser sur eux le poids de cette maladie qui fait d'habitude si peur aux gens.

– Mais enfin, on ne s'est jamais rien caché toi et moi ! Je suis même la première personne à qui tu t'es confié lorsque tu t'es rendu compte que tu étais homo... alors pourquoi pas ça ?

Je commence donc à lui parler le plus succinctement possible, afin de ne pas la choquer plus que nécessaire, sur ce qu'a pu être la vie pour moi ces dernières années. Je lui parle de la violence des réactions de ceux qui se disaient mes amis à l'annonce de ma séropositivité : certains anciens copains du lycée, des camarades de fac, le garçon avec lequel je sortais... Je lui parle des rumeurs

à mon propos, de ce que l'on appelle le « sérotriage » :
les séropositifs, y compris au sein du milieu gay, sont
souvent peu fréquentés en raison de la représentation
morbide qu'ils renvoient, dit-on, à la plupart de leurs
connaissances une fois qu'elles ont appris leur séroconversion. Je suis vu comme un « Arabe », séropositif et
homosexuel ; autant dire que je ne cherche plus à haïr
qui que ce soit pour quoi que ce soit, mais simplement
à faire évoluer les réactions discriminatoires auxquelles
je suis confronté. J'ai par moments simplement peur de
ne pas tenir assez longtemps pour vivre une vie aussi
bien remplie que celle que tout un chacun peut espérer.
Mais la peur de l'échec ne me taraude plus, cette discussion avec ma sœur me l'aura confirmé. L'essentiel, je
le sais désormais, étant de rester fidèle à moi-même.
Désormais je *cultiverai mon jardin*. Je suis également
plus à même de replonger, au moins en partie, dans une
quête spirituelle qui me manque de plus en plus. En
effet, après avoir rejeté violemment l'islam, du fait de
penser que je ne pouvais être homosexuel *et* musulman
à la fois – au point d'en être par moments véritablement
malade –, je m'aperçois un peu plus chaque année qu'il
y a une part de moi-même que je ne parviens pas à
assumer ; il est sans doute paradoxal que ce soit le spirituel que j'assumerai le plus difficilement. Je tenterai
d'oublier, noyant mon désespoir dans certaines drogues
dites « douces », le sexe et même l'alcool. Mais rien à
faire : tenter d'oublier Dieu, c'était comme tenter de se
couper un bras.

Identité

La peine, liée à l'éradication systématique et volontaire de toute forme d'expression du spirituel dans mon existence, est finalement plus douloureuse que mon incapacité à concilier ce qui paraît inconciliable. Je finis donc par m'autoriser, avec une certaine appréhension je dois le dire, à penser à Dieu. Pour commencer, je me frotte au bouddhisme, qui a la réputation d'être la religion de paix par excellence. Je vais même au Tibet pour faire un pèlerinage avec ma sœur. Nous parcourons en 4x4, avec un petit groupe de touristes, venus de France et du Canada, la distance qui sépare Katmandu au Népal jusqu'à Lhassa au Tibet. Nous passons par des cols de montagne hauts de plus de cinq mille mètres ; nous rencontrons des gens merveilleux ; nous visitons des monastères splendides, qui pour certains d'entre eux ont été reconstruits après l'invasion chinoise. Je finis néanmoins par comprendre que misogynie et homophobie peuvent être partout – tout particulièrement après la dernière visite du Dalaï-Lama à Paris[50] –, qu'elles sont intrinsèquement liées à l'élaboration des cultures qui sont le creuset de toutes les religions. Par conséquent, je me dis qu'il est temps de me replonger dans ce que je connais le mieux : l'islam, que je redécouvre petit à petit et sans contrainte aucune. Plus tard, lors de mes nuits de prière en sa compagnie, je redécouvrirai cette plénitude du lien qui m'unissait à Dieu. Ce sera notamment au cours du tour du monde des Enfants du sida que j'effectuerai de septembre 2008

---

50. La conférence de presse du Dalaï-Lama en 1997, http://www.buddhachannel.tv/portail/spip.php ?article2343

à juin 2009[51]. Là, loin de toutes références familières oppressantes, j'ai pu réinventer ma spiritualité. Ce n'est qu'à ce moment que j'aurai la force de reprendre mes cinq prières quotidiennes, sans plus jamais ressentir de vertige ou de sensations oppressantes. Ce fut là une expérience véritablement mystique ; je ne pense pas être en mesure d'en revivre de similaire. Cela, sans compter que je me sentais honorable et *digne*, sans doute pour la première fois de mon existence, débarrassé de toute forme de culpabilité, de Le recevoir. Il me suffisait de fermer les yeux pour Le voir en action. Pour la première fois de ma vie, je me suis senti pleinement heureux d'être moi-même, à ma place, sans remise en question quant à ma sexualité ou à mon orientation de genre. C'est donc là seulement que j'ai véritablement senti, vingt ans après avoir franchi le seuil de la mosquée de quartier à Alger, que je me suis radicalement libéré, par des actes visant de *nobles fins destinées à soulager la souffrance d'autrui,* de ma schizophrénie !

Mais ce sentiment de plénitude, je l'ai redécouvert tout doucement, et avant mon tour du monde, par mon pèlerinage à La Mecque. En effet, près de dix ans après avoir quitté la confrérie des frères musulmans salafistes – quinze ans après avoir entamé ma quête de Dieu –, j'ai eu de nouveau les idées plutôt claires de ce point de vue là. C'est lorsque j'ai su de nouveau à peu près qui j'étais – soit plus de sept ans après m'être assumé devant tous en tant qu'homosexuel – que j'ai pu faire un second pèleri-

---

51. Révoltes extraordinaires, *op. cit.*

nage, cette fois-ci à La Mecque, source merveilleuse de notre héritage islamique et de l'histoire de la civilisation arabo-islamique par excellence ! C'est là, face à la Ka'ba, la « chambre sacrée d'Allah » depuis des millénaires, que j'ai pu me réconcilier totalement avec mon héritage cultuel. Paradoxalement, c'est là que j'ai compris qu'il est possible de concevoir ma foi sans le dogme imposé par certains religieux. La Mecque : *Oum al-qoura* – « la mère de toutes les cités »[52] – qui selon le Coran se trouve sous *al-bayt al-'atiq* – « l'antique maison de Dieu »[53], le point zéro de l'espace et du temps. La Mecque c'est selon Ibn 'Arabi, pour ces millions de musulmans de tous les temps, « le cœur de l'existence » – *qalb al-wudjud*[54] ; en dépit du fait que Dieu dit : « Mon ciel et Ma terre ne peuvent Me contenir, mais le cœur de Mon serviteur croyant Me contient. »[55] En faisant toutefois élection d'un lieu de l'Univers pour Sa demeure, notre Seigneur instaure tout de même un lieu de culte à la mesure, toute relative de nos jours, de son intimité : « Contemple la maison : pour les cœurs sanctifiés, sa lumière brille à découvert. Ils la regardent par Dieu, sans voile, et son

---

52. Coran : 6.92.
53. Coran : 22.29.
54. IBN 'ARABI, *op. cit.*
55. Ce hadith ne se trouve pas dans les recueils canoniques, mais Ibn 'Arabi le considère authentique, par « dévoilement intuitif » ; ce hadith *qudusi* – « divin » – est jugé « faible » par le conseil permanent des grands *'ulemas* du royaume d'Arabie Saoudite, http://www.alifta.net/Fatawa/FatawaChapters.aspx ?View=Page&PageID=11251&PageNo=1&BookID=9

auguste et sublime secret leur apparaît. »[56] Je pense à ces dizaines de millions d'hommes et de femmes qui vécurent à une époque où les croyants sacrifiaient des mois et les économies de toute une vie pour relier la Terre sainte. Je foule du pied leurs traces bénies. C'est un rêve d'enfant qui se réalise.

À mon arrivée en Terre sainte, j'accomplis soigneusement les rites du pèlerinage. J'ai couru entre les deux collines des lieux saints : Safa et Marwa. Tout comme l'a fait la mère d'Ismaël dans l'espoir de trouver de l'aide auprès d'un caravansérail qui serait passé au loin. Cette esclave qui voulait sauver son fils des affres du désert, après que son amant et maître Abraham les a abandonnés, obéissant ainsi à la volonté de Sarah, sa femme, de ne pas laisser de demi-frère à son fils légitime, Isaac. Puis je prie en face de la Ka'ba et j'accomplis les sept circonvolutions d'usage. Sept fois autour de la chambre sainte dans le sens contraire des aiguilles d'une montre, en prenant pour point de départ la *hadjra al-sawda* : cette pierre noire placée par le prophète Mahomet au coin de la Ka'ba serait une météorite tombée du ciel à l'âge antéislamique. Puis je bois à l'eau du puits de Zamzam : la source miraculeuse, la Lourdes des musulmans apparue selon la tradition après que l'archange Gabriel a frappé le sable de son talon afin d'offrir à l'esclave et à son fils de quoi étancher leur soif. Une eau censée pouvoir guérir de toutes les maladies. Du sida aussi ?... Je souris intérieurement à cette idée et pourtant je ne peux

---

56. Ibn 'Arabi, *op. cit.*

Identité

m'empêcher de prier pour ma guérison au moment de boire. C'est une coutume de plus, et l'affirmation de mon espoir qu'un jour je serai libéré de cette maladie aussi. Et comme à une époque, par certains aspects bénie, je ne dors pas les nuits, je relis les versets du Coran qu'adolescent je connaissais par cœur. J'accomplis les cinq prières du jour et de la nuit en compagnie de plusieurs millions de frères et de sœurs.

Par moments, la réalité de tout ceci se rappelle à moi. Les prédicateurs profitent que l'on ait enfin quelques moments de répit sous les tentes où nous logeons entre deux étapes du pèlerinage, pour nous servir des prêches endoctrinant à longueur de cette journée du vendredi. Même avec l'air conditionné, la chaleur est parfois suffocante. Nous sommes au mois de janvier, le mois d'Al hidjab, sacré dans le calendrier lunaire utilisé par les musulmans. Ce matin ou peut-être cette après-midi nous irons dans le désert lapider les stèles d'Abraham : trois monolithes de tailles différentes que l'on a érigés à l'endroit où le père du monothéisme s'est vu tenter par Satan au moment où Allah lui demandait d'immoler son fils Ismaël. Alors Abraham a saisi sept cailloux. Et sept fois, il chassa le démon. Ce soir, nous suivrons l'exemple d'Abraham, le père de tous les croyants. Ce soir, des gens mourront par dizaines, piétinés par la foule... Le lendemain matin, nous quittons La Mecque et ses environs pour la plaine d'Arafat, au pied du mont de la Miséricorde où le prophète Mahomet a prononcé son prêche d'adieu. Il dira : « Le pèlerinage – *hadj* –, c'est la station à Arafat. »[57] Je me souviendrai que le mot *Rahma* en arabe – « miséricorde » – vient du radical *rahim*, qui fait référence à la matrice de la mère qui porte son enfant[58]. *Rahman* est aussi l'un des noms de Dieu, le plus important selon Al-Jili ; c'est le nom de Dieu qui « synthétise tous les aspects "qualitatifs" de la Divinité »[59]. Selon Ibn 'Arabi, Dieu nous dit : « Ma miséricorde embrasse toute chose »[60] ; c'est-à-dire qu'elle « embrasse même les noms divins »[61]. Car « de l'amour nous sommes issus. Selon l'amour nous sommes faits. C'est vers l'amour que nous tendons. À l'amour nous nous adonnons »[62]. Le nom de Dieu auquel nous sommes soumis est celui des noms de Dieu qui synthétise l'ensemble des attributs de paix, de la miséricorde divine. En quelque sorte, selon l'islam, l'univers tout entier est la matrice splendide au sein de laquelle Allah – littéralement « le Dieu » – porte en gestation sa création. Dieu nous dit que « le Miséricordieux S'est établi sur le Trône »[63]. Ibn 'Arabi nous dit qu'Allah

---

57. Un hadith si célèbre qu'il en est devenu un dicton arabe pour signifier que l'essentiel de tel ou tel événement se trouve à tel moment, tout comme le *hadj* se trouve tout entier à Arafat ; toutefois, bien entendu, les avis divergent quant à la raison première de ce hadith du Prophète qui a été reporté dans la plupart des recueils de hadiths considérés comme authentiques par la plupart des musulmans sunnites. Consultez (en arabe) un forum de discussion à ce propos, http://www.mmagreb.com/vb/showthread.php ?t=50966.
58. Dictionnaire arabe-français, *Larousse*.
59. ABD AL-KARÎM AL-JÎLÎ, traduction de l'arabe et commentaires de BURCKHARDT (Titus), *De l'homme universel*, Paris, Dervy, 1975.
60. Coran : 7.155.
61. IBN 'ARABI, *La Sagesse des prophètes, op. cit.*
62. IBN 'ARABI, *Traité de l'amour*, Paris, Albin Michel, 1986.
63. Coran : 20.5.

Identité

« ne s'établit sur son trône – *istawa* – que par le nom *al-Rahman* – le miséricordieux –, afin de nous informer du fait que [l'établissement de la royauté suprême de] Dieu [...] est en équilibre sur la créature la plus immense [le Trône], qui englobe intégralement » l'ensemble de la Création[64] ; de la même façon que Dieu se fixe et perdure sur le cœur du croyant[65].

Je médite sur ces superbes symboles que notre tradition religieuse porte en son sein, alors que nous passerons notre journée sous les tentes de cette plaine immense, assez vaste pour accueillir cette année près de trois millions de pèlerins : de tous les âges, de tous les horizons culturels et sociaux. Là, à prier et adorer Dieu tout-puissant qui en ce jour est descendu du haut de son trône vers la terre afin d'être plus proche de nous, les humains : « Nous avons créé l'être humain et Nous connaissons les plus intimes secrets de son âme, car Nous sommes plus près de lui que sa veine jugulaire[66]. Les textes nous disent qu'Allah se vante en ce jour béni auprès de ses anges : "Regardez ces hommes, ces femmes, venus de si loin uniquement pour proclamer que je suis le plus grand, le Dieu unique." Alors toute la journée nous proclamons ensemble l'unité de notre Seigneur bien-aimé. Puis au crépuscule nous reprenons la route pour atteindre les vallons de Muzdalifah : de vastes collines caillouteuses à perte de vue entourées par de hautes montagnes

---

64. Ibn 'Arabi, *Les Illuminations, op. cit.*, chapitre CXCVIII.
65. Ibn 'Arabi, *Le Livre des théophanies, op. cit.*, théophanie no 31.
66. Coran : 50.16.

rocheuses à pic. Nous devons y passer la nuit comme l'indique la sunna du Prophète : à même le sol, en état de sacralisation. Je suis vêtu en tout et pour tout de deux bouts de tissu blanc : *l'isar* et le *rida*.

Malgré les températures qui descendent tout de même en dessous des dix degrés la nuit ! Nous avons dîné dans le bus. Le vent est frais et je m'apprête maintenant à dormir à même le sol sans couverture ni tente au-dessus de la tête, avec pour unique confort le petit tapis de prière dont m'a fait cadeau un Mecquois. Ce sera, et de très loin, la nuit la plus marquante de toute ma vie. Cette expérience est censée nous faire imaginer la nuit du jugement dernier. Pour ma part, l'expérience a porté ses fruits. Je ne trouve pas le sommeil avant plusieurs heures, je grelotte. Et lorsque je m'endors enfin, je rêve de l'ange Arafel, qui soufflera dans le cor pour ressusciter les morts. Nous les humains serons nus, terrorisés, nous marcherons vers la face du Seigneur pour en passer par l'épreuve de la balance de nos actions : nous serons nos propres juges et les plus justes seront les plus anxieux et les plus honteux devant la face de notre Seigneur adoré. « Et c'est alors que celui à qui on remettra le bilan de ses œuvres dans la main droite dira : Tenez ! Lisez mon livre ! Je croyais fermement devoir un jour rendre compte. »[67] C'est ici et maintenant, au quotidien, que nous sommes juges de nos propres actions afin de gagner le paradis, ou croupir en enfer : telle est la loi, dit-on. Je suis frigorifié, j'en pleurerais ! Je m'éveille seul au monde au milieu de

---

67. Coran : 69.19-20.

Identité

cette plaine. Il est quatre heures du matin. Et pourtant, il y a tant de gens allongés autour de moi, le sol en est noir à la face des étoiles, à perte de vue. Je suis en *ihram* : l'état de sacralisation. Je n'ai donc pas touché de savon depuis près de deux jours. L'odeur âcre de ma transpiration, la fatigue, la faim, le sol glacé, le vent et cette foule indifférente, des bébés aux vieillards impotents... Je suis seul au monde. Ma vie, personne ne pourra m'empêcher de tenter de la mener à son terme, dignement, malgré parfois la bassesse de notre condition. Je ne suis rien, perdu au sein de cette marée humaine. Un simple nombril de plus. Et pourtant, je me dois de trouver ma voie ! Comment ? Et surtout pour quoi faire ?

L'aube arrive enfin. Nous nous rassemblons par petits groupes. Les autorités allument des projecteurs placés haut sur la plaine. Notre petit groupe redescend vers La Mecque. Après un très léger somme dans le bus, nous prenons une douche bien méritée et nous repartons aussitôt vers le *Haram*, l'autre nom de l'immense mosquée qui cercle la Ka'ba, afin d'accomplir le rituel du *déferlement*. Je suis heureux de retrouver la pierre noire et la mosquée sacrée ; aujourd'hui, je suis devenu un *hadj* ! Je vole quelques heures de sommeil avant la fin de l'après-midi. Lorsque je me réveille, l'astre du jour se couchera bientôt. On pourrait presque le fixer à l'œil nu. Un léger vent de sable s'est levé, brouillant ses rayons d'habitude insoutenables. Ce paysage aux allures martiennes me rappelle l'un des poèmes que j'ai appris par cœur durant mon adolescence, avant de sombrer dans le gouffre du déchirement insupportable entre foi et sexualité : « Les soleils mouillés de ces ciels brouillés, pour mon esprit ont les charmes si mystérieux de tes traîtres yeux, brillant à travers leurs larmes. Là, tout n'est qu'ordre et beauté, luxe, calme et volupté. »[68] Ce sont de tout autres paysages que ceux décrits dans ces poèmes, qui provoquent néanmoins le même genre de réminiscences en moi. Je repense à Djibril, ce premier amour que j'ai fui sans doute parce que j'avais une trop haute idée de la relation qui nous unissait et qui ne devait pas être réduite, selon moi, à un acte sexuel. J'ai fui Djibril, tout comme il est dit dans le Coran que le prophète Joseph a fui la femme qui l'avait séquestré : « Mais elle avait complètement succombé à son charme et lui aussi l'aurait désirée s'il n'avait pas été éclairé par un signe de son Seigneur. Et c'est ainsi que Nous avons écarté de lui le mal et la turpitude. Il était, en effet, un de Nos serviteurs élus. »[69]

Je me rappelle ces versets du Coran tout en déambulant aux côtés de Fahd, dans ces allées du camp-dortoir qui sont noires de monde et de marchands ambulants. Mais Fahd et moi nous sommes seuls. Il est marié, je ne m'attache pas à lui. Il n'en reste pas moins que Fahd a en lui cette étincelle de vie et d'intelligence espiègle que je sais aimer chez les autres. Notre pèlerinage, nous l'avons accompli ensemble. Lui en est au stade où il découvre les

---

68. Baudelaire (Charles), « L'invitation au voyage », in *Les Fleurs du mal*, Paris, Gallimard, 1972 et 1996.
69. Coran : 12.23.

Identité

arcanes de ce sanctuaire cosmogonique que semble être l'Islam pour le profane. Moi, je semble être sur la voie de la rédemption, de l'apaisement après l'émoi d'une illumination aveuglante, les yeux mouillés par l'émotion en vue d'un dialogue plus intense, toujours sous-entendu avec le Créateur de toute chose. Non, je n'ai jamais pu complètement jeter aux orties cet amour du Divin. Je m'y refuse désormais. Aujourd'hui, je sais que c'est la religion qui n'est pas adaptée à nous, les humains : la religion est un idéal trop souvent dévoyé ! Mais ce n'est pas moi qui ne suis pas fait pour elle. Je peux revendiquer le droit à la spiritualité ! Je dénie cependant avec la dernière des vigueurs, que sous-tend une réflexion mûrement aboutie sur le sujet, à quelque religion que ce soit de s'arroger le droit de prêcher l'élimination tant physique que politique des autres religions humaines. Ainsi que celles des « déviants » dont je ferais partie, qui ne sauraient souscrire aux sacro-saints critères d'humanisation dictés par les dogmes de ces mêmes croyances !

Ce voyage à La Mecque m'aura permis de passer au crible de la maturité, que j'ai acquise récemment, les croyances qui ont bercé mon enfance et dont mon adolescence a été saturée. Ce pèlerinage m'aura donné l'occasion une fois encore d'exposer, définitivement cette fois, les démons de mon passé au grand jour et de me rendre compte tout naturellement que je ne suis pas de ce monde. Je ne suis pas fait pour vivre dans ce genre de pays. Je suis occidental, mon mode de vie l'est tout autant, malgré des origines arabo-persanes dont je suis fier, qui me sont d'une richesse inestimable. Mais voir toutes ces femmes vêtues de noir de la tête aux pieds, sans un centimètre carré de peau visible, pas même le visage, par ces chaleurs infernales ! Et ces hommes tous habillés de la même manière : des « uniformes » blancs, aux cols boutonnés jusqu'au dernier centimètre, aux manches longues, un foulard rouge et blanc replié sur la tête à la mode orientale. Le monde des hommes, le monde des femmes : deux univers hermétiquement et scrupuleusement cloisonnés où les unes ne s'adressent aux autres dans les lieux publics que par des têtes courbées, leur cédant le passage dans une attitude de soumission pitoyable. Mais ont-elles seulement le choix ? L'homme ici est supérieur en nombre dans les rues et en termes de position sociale, bien entendu. Mais mon opinion était déjà faite. Je ne suis là que pour voir de mes yeux le pays où l'autoconditionnement dogmatique a bien failli me jeter à l'époque où je voulais venir étudier ici la sharia, afin de devenir imam. Aujourd'hui, j'ai ouvert les yeux. Une fois accomplis tous les rites du pèlerinage dans la plus pure tradition sunnite, je quitte ce pays heureux et en accord avec moi-même et plus sûr que jamais de mes convictions personnelles. Ma religion est désormais celle de la paix, de l'amour inconditionnel et de l'égalité humaine ; mon dogme, celui de la générosité et du partage ; mon rituel, celui de l'empathie et du respect envers mes frères humains. Avant de quitter l'Arabie Saoudite, je visite également Médine : *al-Madina al-moukarama* – Médine l'honorée par la présence de Mahomet et des premiers croyants. Sur le chemin du retour, je repenserai à tout ceci : ma dernière nuit en Terre sainte, je la passe à méditer dans la mosquée du Prophète. C'est un bijou d'architecture islamique aux décorations sobres et non imagées, aux ornements raffinés, aux plafonds dignes des plus belles cathédrales du monde.

Ces édifices qui évoquent un paradis au-delà de notre réalité me font songer à l'amour que j'ai eu pour Djibril. J'ai ouvert les yeux et jeté aux orties certains de ses enseignements. Mais mes sentiments pour lui me ramènent à Dieu : pourquoi faire une entité pleine de haine et de violence alors qu'il est tout ce qu'il y a de plus beau en nous ? Plus qu'une simple représentation à mon sens, il incarne en miroir nos idéaux, notre mélancolie, nos espoirs, nos rêves si merveilleux peuplés de mondes paisibles qui s'étendent à travers l'infini de l'univers. Car le Dieu que les êtres humains se représentent ne se doit-il pas d'être bien au-dessus des vils instincts de l'humanité, de nos bassesses, de nos faiblesses ? Ne doit-il pas s'interdire d'être le Dieu vengeur et despote que les démons de la peur et de l'ignorance voudraient le voir incarner ? *Quis custodiet ipsos custodes* – « Qui gardera les gardiens ? » Chaque femme, chaque homme devrait être le gardien de lui-même. La moralité ; voilà ce qu'il manque certainement à bien des croyances. Ah ! de la morale, les partisans de toutes religions en ont, bien entendu, ils nous en rebattent d'ailleurs les oreilles bien trop souvent ! Nul humain ne devrait subir le dictat de ses idéaux, de ses peurs. Mourir pour un idéal, une représen-

tation lovée au sein d'une poignée de cellules cérébrales.
N'y a-t-il rien de plus caractéristique de la noblesse et
de l'intelligence de notre espèce ? Et tuer pour une idée,
un dogme, n'y a-t-il rien de plus abject, de plus égocen-
trique ? Car nous devrions toujours garder à l'esprit que
notre morale se doit d'être le résultat du combat que
notre espèce mène depuis des millions d'années pour
survivre : une question de pression environnementale, de
nécessité, de bon sens, voilà tout ! L'élévation spirituelle,
l'idéal du moi humain : les Babyloniens, les Égyptiens, les
Nubiens, les royaumes d'Afrique noire subsaharienne, les
Incas, les Celtes... Il y a des millénaires de cela déjà, ces
peuples de l'Antiquité étaient parvenus à exprimer leur
désir de s'élever au moyen de réalisations architecturales
fantastiques, de transcender notre condition d'hommes,
de s'élancer vers le ciel à la rencontre de nos mères les
étoiles. Il est d'ailleurs réconfortant de constater que
cet aspect de nous-mêmes n'a pas changé au cours des
âges : nos cathédrales, nos minarets, nos gratte-ciel,
la tour Eiffel ou celle de Pise témoignent encore de ce
besoin d'aller au-delà de cette existence qui, pour l'instant seulement, nous cloue les pieds au sol. Qu'il serait
tentant aussi de céder à l'appel du pouvoir de normalisation et de contrôle que ces mêmes symboles d'idéaux
portent inéluctablement en eux.

Comme me l'affirmait mon père peu avant mon départ
pour La Mecque :

– Ce sont les bases, les grands principes fondamentaux ! Voilà tout ce qui est bon dans la religion. Tout

le reste : les interprétations dogmatiques, sacralisées, le zèle, la contrition, la pénitence aveugle, le sacrifice ritualisé, bien trop souvent hypocrite et désincarné... Cela ne mène qu'au clanisme, à l'obscurantisme, à la guerre et au cléricalisme !

– Oui mais comment empêcher les gens de dévier vers de tels extrêmes ?

Eh bien la réponse semble m'être apparue là encore plus clairement qu'ailleurs. Face à la Ka'ba, à lire des nuits durant le Coran : pour moi, la solution se trouve dans un œcuménisme empathique. Pas de pitié, pas de haine, pas de ferveur, aucun dogme sacralisé, il faut s'interdire la tentation de la religion « panurgique » et ne viser que l'accomplissement de la spiritualité. Une forme d'amour des autres plein de réserve, sans rien attendre en retour autant que faire se peut, tout en restant pertinemment conscient que chacun d'entre nous se doit de vivre sa vie seul. Cela reste bien évidemment ma réponse. Mais Kahlil Gibran n'a-t-il pas écrit : « Si nous rejetions les divers dogmes, nous serions unis et nous aurions une grande foi et une religion, riche en fraternité [...] L'homme vraiment religieux n'a pas de religion, celui qui en embrasse une n'a pas de religion. »[70] Pour ma part, c'est l'attitude que je conçois d'adopter dorénavant.

Le Divin n'est certes pas à mes yeux ce vieil homme à la barbe blanche majestueusement établi sur son trône céleste au-dessus d'une mer d'éternité : une entité maîtresse du monde des idées totalement séparée

---

70. Kahlil Gibran, *Trésors spirituels*, Paris, Véga, 2002.

de l'univers physique, déconnectée de la réalité des hommes. C'est une conception du Divin qui à mon sens et entre autres, permet une meilleure acceptation de l'idée d'un Dieu malgré les horreurs que certains d'entre nous vivent au quotidien. Ainsi, si je me prosterne à terre comme je l'ai fait des dizaines de fois à La Mecque, et contrairement à mon attitude d'il y a quelques années, c'est avant tout en signe de recueillement devant des idéaux et non plus devant une représentation d'un Dieu omnipotent injuste, despotique, aux décisions arbitraires. Car la prosternation peut être vue comme le signe de la soumission ; mais n'est-elle pas aussi le symbole du recueillement, de la paix, du regard tourné vers le monde intérieur ? Ainsi, je pose le front en signe de respect envers des valeurs d'humanité que je sais être miennes, dont je pense que par nature elles revêtent plus d'importance que ma vie en tant qu'individu : le respect de soi et celui de l'autre, le partage, la communion entre les peuples et les individus, le progrès social et technologique, l'éducation des plus jeunes, les soins aux plus démunis d'entre nous et le respect des plus âgés. Je m'incline devant cet Universel qui a fait naître notre humanité. Je rêve de l'application d'une charte universelle des droits spirituels humains, qui annoncerait que nul ne devra être persécuté à cause de ses croyances religieuses, de quelque forme qu'elles soient, et que partout sur terre, tous les hommes et les femmes de bonne volonté auront le droit d'adorer le Divin, de cultiver leur spiritualité quels que soient leur race, leur sexe, leur sexualité, leur condition sociale ou leur conception de ce Divin. Oui, je rêve éveillé. Mais comme le disait si bien Albert Einstein : « C'est une bénédiction particulière que d'appartenir à ceux qui peuvent et sont en mesure de consacrer leurs meilleures énergies à la contemplation et l'exploration des affaires objectives et intemporelles. »[71] L'Universel, cette référence à l'unicité de Dieu tout autant que celle de notre humanité, est qualifié en arabe de *Tawhid* : un concept philosophique que j'apprendrai à connaître au fil des années, après avoir définitivement rompu avec les salafistes.

C'est ainsi qu'aujourd'hui, pour moi, l'unicité du *Tawhid* doit être entendue comme l'apex d'une humanité en mesure de transcender les différences, plus encore, d'en faire la base de notre conscience humaine. Il est dit dans le Coran : « Nous avons fait de vous des peuples et des tribus afin que vous appreniez à vous connaître. Le plus noble d'entre vous pour Dieu est le plus pieux. Dieu

---

71. EINSTEIN (Albert), dans un texte adressé en 1932 à la Ligue des droits humains et intitulé *Mon credo*, disponible (en allemand) en ligne, http://www.einstein-website.de/z_biography/credo.html. Il ajouta ceci : « Ce qu'un homme peut expérimenter de plus beau et de plus profond, c'est le sens du mystère. C'est le profond qui sous-tend la religion et toute entreprise artistique et scientifique sérieuse. Celui qui n'a pas expérimenté cela, s'il n'est pas mort est au moins aveugle. Saisir que derrière chaque expérience de la vie il y a quelque chose qui échappe à notre entendement, dont la beauté et le sublime ne nous atteignent qu'indirectement, c'est la religiosité. Dans ce sens je suis religieux. Pour moi, il est suffisant de penser à ces secrets et de tenter humblement de saisir avec mon esprit une simple image de la noble structure de tout ce qui est. »

est parfaitement sachant et bien informé. »[72] Autrement dit, la diversité des cultures humaines est le terreau fertile dans lequel notre conscience humaine plonge ses racines ; une conscience humaine qui est basée sur une connaissance de soi et des autres qui fait de nous, toujours selon le Coran, des êtres plus valeureux que des anges de lumière. Il est dit en effet : « Puis vint le jour où ton Seigneur dit aux anges : "Je vais installer un représentant *khalifat* [un successeur] sur la Terre." Et les anges de repartir : "Vas-Tu établir quelqu'un qui y fera régner le mal et y répandra le sang, alors que nous chantons Ta gloire et célébrons Tes louanges ?" Le Seigneur leur répondit : "Ce que Je sais dépasse votre entendement." Et Il apprit à Adam tous les noms, puis les présenta aux anges en leur disant : "Faites-Moi connaître les noms de tous ces êtres, pour prouver que vous êtes plus méritants qu'Adam !" Et les anges de dire : "Gloire à Toi ! Nous ne savons rien d'autre que ce que Tu nous as enseigné, Tu es, en vérité, l'Omniscient, le Sage." Dieu dit alors : "Adam ! Fais-leur connaître les noms de ces choses !" Et lorsque Adam en eut instruit les anges, Dieu ajouta : "Ne vous avais-Je pas avertis que Je connais le secret des Cieux et de la Terre, ainsi que les pensées que vous divulguez et celles que vous gardez dans votre for intérieur ?" Et lorsque Nous dîmes aux anges : "Prosternez-vous devant Adam !"[73], seul le Diable – la partie la plus destructrice de notre humanité, "l'élan de mort" – a refusé de recon-

72. Coran : 13.49.
73. Coran : 2.30-34.

naître l'universalité du don de Dieu à notre humanité.
Quel argument "le diable" a-t-il alors utilisé pour ne pas
s'agenouiller devant le souffle divin contenu en chaque
parcelle de notre humanité ? Ibliss a dit, selon le Coran :
"Je suis, répondit Satan, meilleur que lui, car Tu m'as créé
de feu et Tu l'as créé d'argile." »[74] Adam serait fait d'argile
– l'élan de vie – et le diable, lui, qui se croit par nature
meilleur, est fait de feu – l'élan de la destruction. En défi-
nitive, je sais aujourd'hui, après des années de réflexion
à ce sujet, que nulle nature humaine n'est supérieure à
aucune autre[75].

« Chaque homme dans sa nuit,
s'en va vers sa lumière. »[76]

---

74. Coran : 38.76.
75. Pour en savoir plus, consulter à ce sujet la publication du Collectif citoyen des homosexuels musulmans de France à l'occasion de la
journée mondiale contre l'homophobie, la lesbophobie, la bipho-
bie et la transphobie : le *Livre vert*, tome III, qui a pour sujet en 2012
« Coming-out et *Tawhid* : ou l'amour inconditionnel de la diversité »,
http://www.homosexuels-musulmans.org/Livres-Verts-contre-ho-
mophobie-islamophobie__Green-Book-against-homophobia-islam-
ophobia.html
76. HUGO (Victor), *Les Contemplations*, Paris, Flammarion, 1973.

Partie III – RENAISSANCE

Vivre sa féminité

« Pour moi, l'homosexualité est un choix. Conscient ou inconscient, c'est un choix. Plus ou moins conditionné. Il n'y a pas de choix absolu. Ce n'est pas une pathologie, ni psychologique, ni biologique. Nous sommes traversés par beaucoup de sentiments et d'instincts, qu'on ne choisit pas, qu'on tente de canaliser, d'orienter, de gérer. Ces instincts ne sont ni bons ni mauvais. Je ne juge pas. Selon les spécialistes des sciences humaines, on ne choisit pas sa sexualité de manière consciente. »[77]

Ces années de réflexion, par le biais de la question des discriminations homophobes, à propos de l'islam et de son rapport au corps et à la sexualité, ne m'auront pas empêché pour autant d'avancer dans la vie, bien au contraire. Je finirai mes études de psychologie à l'École normale supérieure, à Paris. J'ai entamé aujourd'hui un

---

77. Interview de l'imam Tareq Oubrou, « L'homosexualité est un choix », article paru sur Rue89, http://www.rue89.com/2010/10/11/oubrou-imam-de-bordeaux-lhomosexualite-est-un-choix-170494

doctorat en anthropologie du fait religieux à l'EHESS[78]. C'est là que je découvrirai le travail remarquable de féministes musulmanes, tel que celui de la Marocaine Fatima Mernissi[79] ou d'Amina Wadud, la « femme imam »[80] californienne, qui ont remis en question l'exclusivité de la masculinité toute-puissante du patriarcat, cela depuis plusieurs décennies. Ainsi, depuis quelques années, je suis fasciné par le combat de ces féministes, en l'occurrence celles qui œuvrent dans les pays arabo-musulmans pour la reconnaissance de leurs droits fondamentaux. J'ai

---

78. École des hautes études en sciences sociales ; un doctorat sous la direction de Mme Jocelyne Dakhlya intitulé : Les Minorités sexuelles à l'avant-garde des mutations du rapport à l'islam de France. Aspects cognitifs, représentations identitaires et sociales.

79. Fatima Mernissi a fondé les Caravanes civiques et le collectif Femmes, familles, enfants. Elle est née en 1940 à Fès, s'inscrit dans l'une des premières écoles privées mixtes du pays et poursuit ses études à Rabat, puis en France et aux États-Unis. Depuis les années quatre-vingt, elle enseigne à l'université Mohammed-V de Rabat ; elle est l'une des figures les plus marquantes de ce que certains qualifient de « féminisme islamique ». L'un de ses livres les plus marquants est à mon sens *Le Harem politique. Le Prophète et les femmes*, Paris, Albin Michel, 1987.

80. Amina Wadud (née le 25 septembre 1952 à Bethesda, Maryland, États-Unis) est professeur d'études islamiques à l'université du Commonwealth de Virginie, et l'une des figures de proue du féminisme musulman. Elle avait fait sensation, en mars 2005, en dirigeant la prière du vendredi – la *salāt* – devant une assemblée mixte, contestant ainsi la fonction exclusivement masculine de l'imamat. Tenante de positions libérales, elle refuse toute interprétation littérale du Coran, prône l'égalité entre hommes et femmes, et se dit même en faveur de l'autorisation du mariage homosexuel entre musulmans. Se disant consciente que « pour certains, le féminisme islamique est un oxymore », elle s'affirme pourtant comme simultanément « pro-foi et pro-féministe » (source Wikipédia) ; en savoir plus sur le site d'Islam & Laïcité : http://www.islamlaicite.org/article345.html

depuis longtemps trouvé en elles un exemple à suivre, afin d'être plus visible au sein de la société et que demain, personne ne puisse plus nier que l'on peut être à la fois musulman et aimer les hommes plutôt que les femmes.

Après la réflexion, l'action ! Car, ce que certains qualifient de renaissance ou de réforme de l'islam n'arrivera pas seul, il nous faut agir. Selon moi, l'homosexualité, quoi qu'on en dise, n'est pas un choix ; et il faudrait être fou pour choisir d'être homosexuel lorsque l'on vient du milieu socioculturel d'où je viens[81]. Bien heureusement ici en France et en Europe de manière générale, l'homosexualité n'est plus un délit et elle est de moins en moins taboue. Pour autant, de quelle conception de l'homosexualité cette génération de Français et de Françaises de confession musulmane a-t-elle hérité ? Si j'ai orienté ma réflexion sur les aspects religieux de cette problématique, c'est parce que je pense que c'est la *représentation* que certains Français de confession musulmane ont de leur religion, pas l'islam en lui-même, qui pose problème selon moi. Selon l'axiologique islamique, il semblerait que ce soit *l'être humain dans toute sa complexité* : sa connaissance, sa liberté, notamment de l'autodétermination, sa capacité à la représentation, à l'empathie, qui font de lui un *créateur de possible*, encore bien plus qu'un ange de lumière, le successeur de Dieu sur terre selon les enseignements du Coran[82].

---

81. OUBROU (Tareq), « L'homosexualité est un choix », *op. cit.*
82. BIDAR (Abdennour), *L'Islam sans soumission : pour un existentialisme musulman*, Paris, Albin Michel, 2008.

Plus encore, j'ai compris que l'homosexualité telle que nous la vivons aujourd'hui, telle du moins que la loi française nous permet de la vivre, ne va pas à l'encontre des principes de l'intérêt général tels que décrits par le célèbre réformateur du Vᵉ siècle de l'hégire, l'imam Abou Hamid Mohammed ibn Mohammed Al-Ghazali. Ce que Algazel nommerait *maslaha* – « le bien-être de tous » – repose selon lui sur cinq éléments : la religion, la vie, la raison, la descendance, la propriété. Tous ces aspects de la *maslaha* sont désormais assurés par un droit français qui a pu être en mesure d'évoluer au fil des siècles, au point de faire une place égale – ou à peu de chose près, nous y travaillons – à l'ensemble des citoyens, au sein de la communauté républicaine de France. Cela, au moins en partie grâce à une sécularisation des universaux communs à toutes les religions. Par ailleurs, déjà au XVᵉ siècle, des savants andalous comme Abu Ishaq Ash-Shatibi, affirment clairement pour la première fois en islam, que l'objectif supérieur[83], transversal à toute religion, universel, est le « bien-être » des humains[84]. Il est dit dans le Coran : « Pas de contraintes dans la religion »[85] ; et y a-t-il plus grande contrainte que de demander à un individu de renoncer à sa sexualité, cette part de son identité, cette intimité que Dieu lui a attribuée ? Ce serait d'ailleurs contraire à cet autre principe universel qui déconseille de changer

---

83. Al-muwafaqat fi usul ash-shari'a.
84. AL GHAZZALI, « *Al-mustasfa min ilm al usul* », cité par RAMADAN (Tariq), *Islam. La réforme radicale*, Paris, Presses du Châtelet, 2008.
85. *La ikraha fi al-din* ; Coran : 2.256.

la création de Dieu : « Je les égarerai, je leur inspirerai de faux espoirs, je les enjoindrai et ils fendront les oreilles des bestiaux, je les enjoindrai et ils *changeront la création de Dieu* », disait le diable selon le Coran[86].

Le respect de ces universaux supérieurs selon moi passe incontestablement – l'histoire des religions et connaissances en sciences de l'éducation tend clairement à le prouver – par l'émergence d'une conscience accrue, *au-delà de toute spécificité culturelle ou traditionnelle* humaine, de la *raison d'être* de ces « lois » divines ; c'est la définition même selon moi de l'*Humanitas* antique. J'ai l'espoir désormais que nous, citoyens français, homosexuels de fait et musulmans par choix ou par héritage culturel, serons de plus en plus nombreux à nous inscrire en faux contre les discriminations, la stigmatisation, la violence sous toutes ses formes que nous devions jusqu'alors subir en silence et isolément ; une violence qui s'exprime d'une part par certains religieux dogmatiques et conservateurs de tous bords – en cela les musulmans n'ont rien à envier aux autres « extrêmes », à une époque où jamais l'individu n'a été autant catégorisé par, ou réduit à, son orientation sexuelle ou à son genre. Une violence manifestée d'autre part en raison de cette méfiance envers les religions et envers l'islam en particulier, à une époque où les pressions pour la promotion d'une identité *nationale* – et non pas répu

____

86. Coran : 3.119.

blicaine[87] – peuvent être palpables, une identité unique, monobloc, standardisée. Nous devons être de plus en plus nombreux à remettre en question avec force la viabilité à long terme de la représentation que certains ont encore de leur spiritualité, ou de leur citoyenneté, comme un système axiologique fermé, autosuffisant conceptuellement, jamais assez inscrit dans une *dialectique multidimensionnelle*, enrichie de la *diversité* incarnée par chacun des individus qui composent notre communauté humaine. C'est après des années de déchirement intérieur et de réflexion que j'ai trouvé la force d'élaborer une partie de cette motivation qui me permettra avec le temps de relever la tête, de sortir du carcan dans lequel on avait tenté de m'enfermer comme une bête, afin de rassembler le plus d'homosexuels musulmans, en France et ailleurs, autour d'un projet éclairé, citoyen, engagé.

C'est ainsi qu'en janvier 2010, j'ai fondé le collectif citoyen HM2F – Homosexuel(les) musulman(es) de France[88] – afin d'accueillir et de partager avec ceux et celles qui se sentent discriminés en raison de leur orientation sexuelle ou leur identité de genre, musulmans ou d'origine musulmane ; tout en ouvrant de concert à un islam de France véritablement inclusif et une laïcité respec-

---

87. La *res publica*, la « chose publique » – ou « domaine commun » – qui appartient à tous les citoyens.
88. Le premier communiqué de presse de HM2F est encore disponible en ligne : http://www.homosexuels-musulmans.org/communique-de-presse_avril2010.html ; le dernier l'est également : http://www.homosexuels-musulmans.org/communique-de-presse_janvier2012.html

tueuse de toutes les croyances[89]. À la première réunion, nous étions à peine une demi-douzaine. Aujourd'hui, HM2F compte plus de deux cent soixante membres inscrits[90], dont un bon tiers sont des femmes, ainsi que certaines sœurs transidentitaires. Il faut que je concède que lorsque j'ai fondé ce collectif, je pensais comme beaucoup d'autres homos musulmans être le seul à ressentir le besoin de trouver une voie de conciliation entre une sexualité que j'ai découverte à l'adolescence et que j'ai fait le choix très clair, dès le début, de ne jamais rejeter, et ces valeurs qui m'ont été inculquées par mon éducation, nos traditions familiales et une spiritualité que, dès ma prime adolescence, j'ai eu beaucoup de bonheur à découvrir, à cultiver, à enrichir au contact des autres. Aujourd'hui, personnellement, je suis heureux comme je ne l'avais pas été depuis longtemps, de retrouver une part de cet *enchantement du monde* qui m'avait été légué par mes grands-mères en particulier, par mes oncles aussi ; je suis très heureux de voir que j'ai à ma disposition un espace de liberté, d'expression et de partage, avec des frères et des sœurs humains avant tout, qui ont cela en commun qu'ils ont compris que c'est à chacune et chacun d'entre

---

89. En cela, notre collectif citoyen s'est inscrit en faux contre l'exclusion de mères musulmanes portant un simple foulard des sorties scolaires organisées par certaines écoles de la République. Sur le sujet, consultez l'acte de naissance du collectif interassociatif dont HM2F est membre fondateur, intitulé *Mamans toutes égales*, http://www.homosexuels-musulmans.org/Non-au-debat-proces-de-l-islam__No-to-the-debate-trial-about-Islam.html#Acte_de_Naissance.
90. Et plusieurs centaines de sympathisants à travers Facebook ou autres réseaux sociaux.

Vivre sa féminité

nous de trouver sa propre voie, au contact de l'autre. Les différents groupes et commissions de HM2F organisent aujourd'hui et ce depuis bientôt deux ans des rencontres régulières, destinées aux homosexuels musulmans, mais qui sont ouvertes à tous. Ce collectif citoyen n'est pas un ghetto. Nous avons également participé à l'organisation de colloques comme celui du 17 mai dernier à l'Assemblée nationale – contre l'homophobie, la transphobie, sous le haut patronage du ministère de l'Intérieur et par le biais du comité IDAHO[91]. Nous avons participé à la conférence qui a réuni des homosexuels musulmans du monde entier, du 8 au 12 mai 2010 au Cap[92] ; c'est d'ailleurs là que j'ai rencontré celui qui deviendra mon mari, puisque en Afrique du Sud le mariage est ouvert à tous et toutes[93]. HM2F a également été à l'initiative de la première conférence des associations LGBT, européennes et musulmanes, qui s'est tenue à Paris en octobre 2010 ;

---

91. Notre compte-rendu ainsi que la vidéo du colloque sont disponibles en ligne, http://www.homosexuels-musulmans.org/IDAHO_17_mai_2010_colloque_assemblee_nationale_francaise_HM2F.html
92. Afrique du Sud – association TIC fondée par l'imam Mushinh Hendricks, lui-même ouvertement homosexuel depuis quinze ans.
93. Qiyyam et moi-même nous nous marierons le 12 août 2011 au Cap, devant un officier d'état civil sud-africain, en compagnie de nos amis et de la famille de mon époux ; puis nous organiserons une cérémonie religieuse œcuménique, à l'aide d'un imam, d'un rabbin et d'un prêtre, tous homosexuels, à l'occasion du second anniversaire de HM2F, en compagnie de nos amis et de notre famille en France. Pour autant, notre mariage ne pourra être reconnu en France en raison d'une législation française ubuesque, homophobe ; pour en savoir plus sur cette discrimination volontaire, qui préserve une « certaine » représentation de la famille, consultez le site du Sénat : http://www.senat.fr/questions/base/2010/qSEQ10121127S.html

puis à Paris, Bruxelles, Madrid et Lisbonne en décembre 2011[94]. Ces conférences internationales, qui accueillirent près de deux cent cinquante personnes de onze nationalités différentes, furent les premières en Europe à réunir les deux seuls imams homosexuels au monde[95], ainsi que des militants pour les droits humains LGBT d'Occident ou du monde arabe, qui œuvrent eux aussi pour un islam inclusif et véritablement apaisé quant à la diversité des sexualités et des genres humains. Aujourd'hui, en principe, et du moins en Europe, plus personne ne peut affirmer qu'il n'existe pas d'homosexuels musulmans ; la réflexion à propos de la représentation postmoderne que l'on a de l'islam et du rapport au corps, à la sexualité, s'en trouve à mon sens grandement enrichie.

Ma détermination à fonder une telle association – après plusieurs années d'engagements associatifs divers, principalement auprès des enfants et des adolescents atteints du VIH[96] – est apparue lorsque j'ai pris conscience, notamment en discutant de cela avec d'autres « homos musulmans » essentiellement

---

94. CALEM : Conférence des associations LGBT, européennes et musulmanes, www.calem.eu.
95. Le second imam homosexuel est Daayiee Abdullah de Washington D.C., responsable de la branche LGBT – lesbienne, gay, bisexuel, transidentitaire – de l'Association des musulmans pour des valeurs progressistes, http://www.mpvusa.org/lgbtq_rights.html
96. J'ai été président fondateur de la première association de jeunes séropositifs en France, ainsi que l'association TDMES, afin de contribuer à informer l'opinion publique sur la façon dont les enfants du sida sont pris, ou non, en charge à travers le monde, http://www.tourdumondedesorphelins.com/contact.html

sur Internet, que nombre de nos frères et sœurs homosexuels sont confrontés aux mêmes stigmatisations et
aux mêmes discriminations auxquelles j'ai eu à faire
face, avant d'être en mesure de m'assumer en tant
qu'homosexuel. Que nous soyons pratiquants ou pas,
il est aisé d'assimiler, même si cela prend un certain
temps, que ce sont les êtres humains qui sont *responsables* de la violence qu'ils génèrent et des souffrances
qu'ils infligent, dussent-elles être pratiquées au nom de
Dieu. Aujourd'hui, de nombreux frères et sœurs sont
désespérément à la recherche de conseils, d'un modèle
de vie, d'un « mode d'emploi tout prêt », afin de savoir
comment vivre de manière épanouie leur vie d'homosexuels, qu'ils voudraient être en mesure de concilier
avec leur foi religieuse – ou leur héritage culturel –, et
leur vie de famille notamment. La première chose à leur
dire est qu'un tel « mode d'emploi » n'existe pas, et cela
n'est pas plus mal. Chacun, chacune est ainsi *libre de
vivre son identité de genre, son orientation sexuelle et son
rapport au Divin*, de la manière qu'il ou elle l'entend,
sans intermédiaire entre Dieu et les êtres humains que
nous sommes, conformément aux préceptes de l'islam
à sa création[97]. D'autre part, il est un fait que nous
sommes parmi les premières générations à pouvoir être
en mesure de vivre ouvertement notre homosexualité,
malgré les difficultés. Sans parler du fait que l'islam selon
moi est en pleine réforme. Ce qui fait de gens comme

---

97. CORBIN (Henry), *Histoire de la philosophie islamique*, Paris, Gallimard, 1964.

nous des pionniers, à double titre. Aujourd'hui, de plus en plus de nations nous reconnaissent notre droit à être nous-mêmes ; être homo et musulman, c'est possible ! Même si force est de constater que la route est encore longue et que tout reste à construire afin d'élaborer, de faire émerger ensemble une représentation possible de ce que peut être, de manière éclairée, apaisée, librement consentie, un homosexuel musulman.

La route est longue en effet. La nécessité de la création d'une telle association peut paraître bizarre à bien des musulmans. La dénomination peut apparaître comme un oxymore ou une provocation : homosexuels *musulmans* (?), nous disent certains. Pourtant, nous ne faisons que décrire une réalité, crûment certes. Mais le fait est que cette vérité toute simple dérange, c'est déjà le signe du travail qu'il nous reste à accomplir. De plus, on pourrait dire qu'en France et en occident, l'homosexualité semble être de moins en moins un sujet tabou. Pourquoi alors s'enfermer dans une association d'homosexuels dont le point commun semble être d'appartenir à une confession religieuse – l'Islam – qui bien souvent apparaît comme leur étant hostile, pour ne pas dire totalement opposée. Théoriquement, c'est exactement ce que je pensais, au sortir de l'adolescence et de mon endoctrinement consenti avec les frères salafistes. Le fait est, que l'on soit croyant ou non, lorsque l'on est issu d'une famille musulmane, on aura forcément affaire à l'islamophobie et à l'homophobie, et l'on devra se construire avec/en dépit de ces idéologies exclusives ; autant être bien armé.

De plus, après ces plusieurs années d'un travail associatif divers, force est de constater qu'il y a certaines problématiques spécifiques aux homosexuels de confession musulmane, ou nés dans une famille musulmane, que nous devons comprendre si nous voulons, en tant que société civile, parvenir à la prise en charge de manière efficiente et sur le long terme de cette problématique-là. Être homosexuel et croyant, ça existe vraiment et c'est un phénomène de plus en plus visible : un homosexuel qui se reconnaît dans une démarche spirituelle. Des hommes, des femmes, des individus transidentitaires ou intersexués, qui ne voient tout simplement aucune raison de céder à la pression du plus grand nombre qui les pousserait à choisir entre leur spiritualité, leur vie affective et leur sexualité.

Ces problématiques sont évidemment liées au fait qu'on a parfois du mal à se représenter un homosexuel se reconnaissant dans une tradition religieuse dont on pense qu'elle le rejette. C'est sans doute le mal du siècle tel que le décrivait André Malraux, on a probablement tendance à oublier le cadre républicain laïc qui nous a permis à tous, y compris les croyants, d'être libérés du dictat d'une petite minorité élitiste et sectaire de la population, en matière notamment de mœurs et de rapports interindividuels. Cette sécularisation de nos sociétés est une évolution qui s'inscrit dans une mutation plus générale des formes du religieux. Cette sécularisation nous permet aujourd'hui d'avoir une meilleure représentation de la méprise conceptuelle de la part de certains de nos coreligionnaires musulmans, qui confondent aujourd'hui encore, ici en France au XXIe siècle, foi religieuse – communier ensemble, enrichir sa démarche spirituelle individuelle, etc. – et traditions ou préjugés, qui ne sont pas cités aussi clairement qu'on pourrait le croire ni dans le Coran, ni dans la tradition prophétique. C'est un lien organique entre spiritualité et vie affective que nous voulons tous, en principe, construire de manière à ce qu'elle soit le plus épanouie possible : une vie affective, émotionnelle, sexuelle, qui relève du domaine de la vie privée et qui dépasse de loin la « simple » question de l'homosexualité en tant que telle.

J'aimerais dans le chapitre qui suivra m'étendre un peu plus sur la question de cette « schizophrénie » axiologique dont sont victimes les musulmans qui se disent radicaux. Mais je ne voudrais pas pour autant que l'on occulte le fait que les problématiques ayant trait à la représentation que nous élaborons de l'islam et du religieux en général, viennent s'ajouter au problème de la stigmatisation des homosexuels, d'origine maghrébine notamment, qui ont du mal aujourd'hui encore à accéder à des associations LGBT sans être vus comme « l'homosexuel rebeu », et non pas comme un ou une citoyenne à part entière. Certains responsables associatifs nous ont dit le fond de leur pensée à ce propos ; selon eux, nous serions des homosexuels « dogmatiques », au « double discours » à qui ils ne pourraient pas « faire confiance ». La grande majorité des associations LGBT, à Paris ou ailleurs, ce sont inscrites en faux contre ce genre d'« homonationalisme »[98] qui traverse le militantisme LGBT en Europe, mais aussi ailleurs[99] – en Israël ou en Palestine, où je me suis rendu en novembre 2011[100]. C'est selon moi une problématique qui est en rapport direct avec la conception de l'assimilation – certains préféreront le terme *intégration* – que peuvent avoir les uns et les autres. C'est à n'en pas douter une problématique *citoyenne*, qui relève du champ politique, liée à la question de la stricte égalité entre tous, au sein de notre *respublica*, et qui dépasse de loin les préoccupations exclusives d'une « communauté »[101] homosexuelle. En cela aucune idéologie, aucun parti politique, aucune confrérie religieuse n'est au-dessus ou même concomitante de l'esprit de la loi française.

98. À ce propos, nous avons coorganisé une conférence afin de discuter, notamment, des motivations qui poussent certains homosexuels à accorder leur vote à un parti xénophobe et homophobe tel que le Front national, http://www.homosexuels-musulmans.org/compte_rendu_CI.html#Pourquoi_le_vote_FN

99. À propos de l'homonationalisme de certains responsables associatifs, consultez notre communiqué de presse du jeudi 7 octobre 2010, http://www.homosexuels-musulmans.org/l-homonationalisme__homo-sexuels-musulmans-entre-islamophobie-et-antisemitisme.html

100. Consultez à ce propos les nombreuses vidéos de témoignages de gays et lesbiennes palestiniens et israéliens, ainsi que le blog de voyage de notre initiative associative, culturelle, solidaire et œcuménique, disponible en ligne, http://www.homosexuels-musulmans.org/BLOG-voyage-Israel-Palestine-spiritualites-LGBT.html

101. Si tant est que ce terme *communautariste* soit approprié, d'une manière ou d'une autre, à notre exception contextuelle française du « vivre ensemble », au sein d'une communauté républicaine *unique*.

Aider nos frères atteints d'une sincère « schizophrénie »

« Toi qui ne crains pas même le lion dans les grands bois ?
Tout autour de toi, les lions, les loups, les ours
Les animaux sauvages, dans la nuit, se rassemblent
Et tu as tant d'amour et d'ivresse en ton cœur
Qu'ils ne sentent jamais en toi d'humaine odeur. »[102]

En ce qui concerne plus particulièrement cette question de la contradiction axiologique dont sont sans doute victimes certains intellectuels musulmans, j'aimerais tout d'abord citer pour exemple le fait qu'en mai 2010, le collectif citoyen des HM2F a coorganisé à l'Assemblée nationale un colloque auquel étaient conviés des représentants de toutes les grandes religions de France. L'imam Tareq Oubrou, recteur de la mosquée de Bordeaux[103], nous

---

102. Rumi, *La Religion de l'amour*, Paris, Points, 2011.
103. Il est également membre de l'AMG (Association des musulmans de la Gironde) affiliée à l'UOIF (Union des organisations islamiques de France) et préside actuellement l'association Imams de France.

a fait le plaisir de répondre présent à cette proposition de dialogue, en tant que représentant engagé activement depuis trente ans dans l'élaboration de l'islam de France. Tareq Oubrou a confirmé ce que nous affirmions depuis la création du collectif HM2F : nulle part dans le Coran ni dans la sunna l'homosexualité n'est condamnée en tant que telle. C'est selon lui l'« éthique islamique » – il n'a pas jugé bon de définir ce qu'il entendait par « éthique » – qui considère l'homosexualité comme un péché. De mon point de vue, puisque lorsque l'éthique est dynamique et non pas dogmatique, elle se doit d'évoluer en fonction des contingences et des nécessités spatio-temporelles, comme l'étique islamique l'a toujours fait selon moi, dès l'aube de la civilisation arabo-musulmane. Sans compter qu'aujourd'hui, l'injustice profonde que représente l'homophobie est de plus en plus le problème de religieux qui s'obstinent sur leurs positions dogmatiques, injustifiables, en se relançant la balle afin de savoir lequel d'entre eux représente la tradition dogmatique la moins homophobe, la moins injuste. La violence injustifiable de l'homophobie de certains religieux – qui oscillent entre déni de la réalité et minimisation des faits – est désormais un cas de conscience pour certaines de ces autorités religieuses par trop conservatrices.

De manière générale, je ne peux m'empêcher de penser que Tareq Oubrou, tout comme Tariq Ramadan – et ce seraient là les plus modérés, les plus ouverts au dialogue, parmi les savants musulmans européens –, semblent atteints tous deux de ce que j'ai déjà qualifié de sincère « schizophrénie » axiologique[104]. Ils veulent visiblement intégrer, navré de le dire aussi grossièrement, les concepts de liberté individuelle au sein du corpus théologique islamique ; on pourrait dire, de manière tout aussi grossière, qu'en vérité, ils veulent réintroduire ce qui en a semble-t-il été extirpé, de manière radicale, avec la montée des extrêmes, de la représentation que nous avons de l'islam. Dans ce processus théologique, ils font montre d'un souci de ménager, dans une certaine mesure, la question doublement sensible de l'homosexualité qui est, en Europe, comme un baromètre de l'évolution des droits de l'être humain ; tout autant que l'un des plus grands tabous au sein des communautés musulmanes[105].

Mais il y a surtout une grande ignorance de ce qu'est la sexualité en général, et l'homosexualité en particulier. L'imam Oubrou considère, par exemple, tout en confirmant très honnêtement qu'il n'est pas un spécialiste de l'homosexualité, que l'on choisit sa sexualité ou son orientation de genre[106] ; il affirme par ailleurs que pour la plupart des musulmans, à l'instar de nombreux hommes et femmes politiques français, l'homosexualité serait

---

104. Voir l'article de Yann Barte intitulé « Les homos musulmans voient enfin la lumière », paru en juin 2010 dans le magazine *Le Courrier de l'Atlas*, http://www.lecourrierdelatlas.com/emag/2010/NUM038/#/70/.

105. Sondage Ifop du 21 août 2009 intitulé « Enquête sur l'implantation et l'évolution de l'islam en France », où il est écrit p. 19 que « l'homosexualité demeure un tabou très important », http://www.ifop.com/media/pressdocument/48-1-document_file.pdf

106. Article paru sur Rue89, *op. cit.*

comparable à la zoophilie, à la bestialité[107]. C'est un fait, nombreux sont les élitistes, les conservateurs homophobes qui basent, aujourd'hui encore, leur avis sur des préjugés, même parmi ceux qui se disent représentants du peuple français[108]. Ce qui est une forme de position en quelque sorte intermédiaire – par rapport à ceux qui préconisent éhontément la peine de mort – et politiquement correcte. C'est une axiologie du style « je ménage la chèvre et le chou » qui n'aide pas véritablement l'avancée du débat sur l'acceptation inconditionnelle de la diversité humaine au sein de l'islam et celle, conséquence de la première, de la liberté individuelle des musulmans, notamment celle de l'autodétermination : ne pas s'aliéner, ne pas modifier leur genre ou leur sexualité, en fonction d'un dogme immuable et sclérosé, porté par ce que je considère comme étant une toute petite minorité de musulmans dogmatiques, très conservateurs, qui ne veulent pas entendre parler de *réforme de la représentation* que l'on a de l'islam. Mais encore une fois, ceux-là de nos frères et sœurs musulmans, quoi qu'on en dise, ont évolué sur de nombreuses questions d'éthique et de dogmatique ; je suis de ceux, quelles que soient les difficultés, qui pensent qu'il faut maintenir le dialogue

---

107. Débat à Sciences Po organisé par l'interassociatif CAELIF – http://www.caelif.fr/, le 17 mai 2010 ; entretien du 6 août 2010 avec l'imam Oubrou à la mosquée de Bordeaux, en préparation de l'article paru dans *Respect Mag* et sur Rue89.
108. Lettre trimestrielle des HM2F de juillet 2011 ; dossier spécial à propos du mariage ouvert à tous en France, http://www.homosexuels-musulmans.org/communique-de-presse_juillet2011.html#actualites.

pour la paix des relations sociales. Il nous faut construire ensemble un « vivre ensemble » républicain, qui nous appartient à tous, dans lequel chacun pourra se reconnaître demain. Pour ce faire, la plus importante communauté musulmane d'Europe, la communauté musulmane de France, se doit d'élaborer une représentation pacifiée du rapport qu'elle entretient avec son islam ; cela passe aussi par l'apaisement des représentations liées au corps, à la sexualité, à la féminité, à la diversité des identités de genre et à l'homosexualité.

Concernant cette question précisément, Tariq Ramadan, dans son livre à propos de la *réforme radicale*, nous rappelle que selon lui, les sciences humaines sont souvent orientées par le point de vue des chercheurs ; ils pensent que les sciences humaines, il y a plus d'un siècle sans doute pour certains d'entre eux, considéraient l'homosexualité comme une perversion[109]. Freud, lui, considérait les enfants comme des « pervers polymorphes »[110], et cela n'a pas fini de faire couler de l'encre visiblement. Ce qui veut dire, effectivement, que des termes tels que *pervers*, sortis de leur contexte, peuvent vouloir dire tout et n'importe quoi, notamment lorsqu'on les applique, sans savoir au juste de quoi il retourne, à l'homosexualité.

---

109. Pour en savoir plus à ce sujet, lire l'article de HM2F qui développe les arguments et les contre-arguments des uns et des autres, http://www.homosexuels-musulmans.org/infrahumanisation_deshumanisation_violente_et_justice_de_la_reforme_de_l-islam_de_france.html
110. Vidéo du débat entre Tariq Ramadan et Caroline Fourest, à propos du fait que Freud considérait, ou non, les homosexuels comme des pervers, http://www.youtube.com/watch?v=j3VFxIR1QY4&feature=related.

Aider nos frères atteints d'une sincère « schizophrérie »

Quoi qu'il en soit, d'autres intellectuels musulmans s'interrogent, tel Abdennour Bidar[111], qui frôle par moments le procès d'intention : « Nous assistons aujourd'hui à une forme de parodie réformiste qui se cristallise en Europe autour de la figure de Tariq Ramadan, dont l'un des derniers ouvrages s'intitule *Islam : la réforme radicale*. Est-elle si radicale en réalité ? Évidemment non. Lui non plus ne propose pas de remettre en question la définition de l'islam comme religion de la loi, mais seulement de "moderniser" celle-ci [...] Que vise-t-il en effet ? [...] À dissimuler son traditionalisme derrière une apparence de mouvement, et ainsi à assurer une présence politique dans les sociétés européennes à un islam auquel cette apparence aura donné le label de religion évoluée, compatible, moderne [...] et de donner ainsi à son discours l'allure de la scientificité. C'est afin de donner l'illusion de l'adaptation au présent que Ramadan enferme délibérément le thème de la réforme de l'islam dans ces limites du renouvellement de la loi islamique. En choisissant d'emblée ce cadre, il s'assure que ce qui pose problème – le principe même d'une religion juridique – ne sera pas abordé [...] À quoi sert de changer l'intérieur d'un cadre si c'est l'existence même du cadre qui fait problème ? À quoi donc sert d'adapter la loi islamique aux conditions de vie actuelles si c'est le

---

111. Philosophe et écrivain de langue française né en 1971, professeur (enseignant) agrégé de philosophie en classes préparatoires au Centre international de Valbonne de Sophia-Antipolis, à l'université de Nice, et sur le campus de Sciences Po Menton.

principe même de la loi religieuse imposée à tous qui est inactuel ? [...] Dans ces conditions, prétendre effectuer une "réforme radicale" relève simplement de la ruse intelligente et bornée à la fois [...] qui revient à contrarier, récupérer et égarer tous les efforts d'émergence d'une autonomie personnelle. »[112] Abdennour Bidar, qui n'est pas toujours aussi politique, exprime par ailleurs exactement ce en quoi je veux croire lorsque j'adore Dieu : c'est ce qu'il nomme l'« émerveillement du monde »[113]. Il fait partie de ces philosophes qui s'attaquent, parfois sans doute avec quelques envolées lyriques qu'on lui a reprochées, au cœur du problème : celui du rapport à la spiritualité et au dogme. Ce plus grand défi qu'aurait à relever l'islam postmoderne à l'aube de ce IIIe millénaire, c'est vraisemblablement dû au fait, comme le dit très clairement Al-Qaradawi – théologien qatari d'origine égyptienne –, qu'il serait « préférable de reconnaître la diversité des efforts d'interprétation, la variété des modes d'action découlant de la pluralité des points de vue, la divergence dans l'ordonnance des buts, l'efficacité des outils, la considération des priorités, de l'importance des facilités et des difficultés, ainsi que de tout ce qui est susceptible de changer selon le temps, le lieu ou les circonstances. Chaque personne habilitée à mener un effort d'interprétation (*moudjahid*) sera rétribuée selon

---

112. BIDAR (Abdennour), *L'Islam face à la mort de Dieu. Actualité*, Paris, Bourin Éditeur, 2010.
113. BIDAR (Abdennour), *L'Islam sans soumission. Pour un existentialisme musulman*, Paris, Albin Michel, 2008, p. 36.

Aider nos frères atteints d'une sincère « schizophrénie »

son effort et son intention [...] Je condamne de même ceux qui expriment des avis allant à l'encontre de ce qu'on a l'habitude d'entendre. Un avis refusé aujourd'hui par la majorité des gens pourrait bien être admis par la suite dans un avenir proche »[114]. Voilà une perle de sagesse : pourtant le théologien Al-Qaradawi est au nombre de ces dogmatiques ultraconservateurs. Il prône un islam loin d'être universellement œcuméniste. C'est l'un des plus vieux théologiens musulmans à l'heure actuelle, proche de la confrérie des « frères musulmans égyptiens ». Il est considéré, chez les musulmans dogmatiques, comme le dernier des grands savants de sa génération. Il participe aujourd'hui au Conseil européen de la fatwa, qui propose une relecture systématique de la sharia pour notre époque. Les vieilles habitudes étant néanmoins dures à perdre malgré toute la bonne volonté, puisque selon certains savants musulmans français, ce « conseil demeure relativement étranger aux particularités de chacun des pays qui composent l'Union européenne et peu enclin à prendre en considération les implications

---

114. AL-QARADAWI (Yusuf), *Où est la faille. Réflexion sur la crise du monde de l'islam*, Paris, Maison d'Ennour, 2004 ; rappelons que « le cheikh Yûsuf Al-Qaradâwî est de retour en Égypte après en avoir été banni durant trente ans, suite à l'assassinat du président Sadate. Président de l'Union internationale des savants musulmans, président du Conseil européen de la fatwa et de la recherche, instance juridique de référence de l'UOIF, il est attendu en héros pour son retour. Ce cheikh, sûrement le plus influent du monde sunnite contemporain (ses émissions sur Al-Jazeera rencontrent une audience considérable), à propos de qui certains affirment que "si l'islam mondial avait un chef, ce serait lui" », écrivait le responsable des questions islamiques à la rédaction du *Monde* en août 2004.

de la singularité française en matière de rapport aux cultes »[115]. Pour ma part, je dirais que c'est bien une réforme dogmatique, et non pas une dogmatisation de la réforme dont nous avons doublement besoin : d'une part en tant que musulmans, d'autre part en tant qu'homo-sexuels confrontés aux préjugés de plus en plus ouverte-ment homophobes de la part d'une infime minorité de nos coreligionnaires.

Nous sommes sans doute loin encore de l'avènement d'une telle réforme que pourtant bon nombre appellent de leurs vœux. Déjà au siècle dernier, les plus grands penseurs musulmans modernes affirmaient, à l'instar de Mohamed Iqbal, que « le Coran n'est pas un code légal [...] Le Coran enseigne que la vie est un processus de création progressive constante, ce qui nécessite que chaque génération, guidée mais non empêchée par l'œuvre de ses prédécesseurs, ait le droit de résoudre ses propres problèmes »[116]. Non, en effet, comme le rappelait déjà en 1925 Ali Abderrazig – l'un des trop rares savants égyptiens de l'époque à ne pas avoir sacralisé le dogme clérical de l'université d'al-Azhar –, le Prophète n'était pas roi, sa mission n'avait pas pour fin de créer une cité islamique régie par le Coran[117]. C'est Son exemple et celui de son *Tawhid* qu'il faut suivre : l'exemple de l'unicité de notre humanité, en miroir de celle de notre créateur. Pour

---

115. OUBROU (Tareq), *Profession imâm*, Paris, Albin Michel, 2009.
116. IQBAL (Mohammed), *Reconstruire la pensée religieuse de l'islam*, Paris, Éditions du Rocher, 1996.
117. ABDERRAZIQ (Ali), *L'Islam et les fondements du pouvoir*, Paris, Éditions de la Découverte, 1994.

Aider nos frères atteints d'une sincère « schizophrénie »

illustrer cette merveilleuse union entre Dieu et notre humanité, le célèbre soufi et émir algérien Abd el-Kader a écrit ce très beau poème :

« Je suis Dieu, je suis créature ;

Je suis Seigneur, je suis serviteur

Je suis le Trône et la natte qu'on piétine ;

Je suis l'enfer et je suis l'éternité bienheureuse

Je suis l'eau, je suis le feu ; je suis l'air et la terre

Je suis le "combien" et le "comment" ;

Je suis la présence et l'absence

Je suis l'essence et l'attribut ;

Je suis la proximité et l'éloignement

Tout être est mon être ;

Je suis le Seul, je suis l'Unique. »[118]

---

118. L'émir ABD EL-KADER EL-DJAZAÏRI, *Écrits spirituels*, textes traduits et commentés par Michel Chodkiewicz, Paris, Éditions du Seuil, 2000.

Des ténèbres du *harem* du père, vers la Lumière de *l'unicité*

« Je suis comme l'éléphant
Blessé sauvagement
Dont on verse le sang
Pour obtenir l'ivoire
Celui qui m'a tué
Pour une partie de moi
Ne sait-il donc pas
Que mon sang criera vengeance
Ce qu'ils me font subir
Leur adviendra demain
Comment se peut-il
Que se taise un sang comme le sien
Il arrive qu'un mur
Ait une ombre fort longue
Mais l'ombre au bout du compte
Lui reviendra toujours
Ce monde est une montagne
Et nos actes sont des cris

Et ces cris nous reviennent
Comme des échos. »[119]

Après avoir quitté l'Algérie cet été-là, dans les années quatre-vingt-dix – l'été de toutes les désillusions, l'été de l'apex d'une guerre civile qui durera une décennie, l'été aussi de tous les scandales autour de ma relation avec Djibril – je ne retournerai plus à Alger pendant près de dix ans. Près d'une décennie durant laquelle je chercherai à fuir aussi loin qu'il m'a été donné de le faire, celui que je fus autrefois. Je fuirai cet amour fusionnel et pourtant oppressant des figures féminines de ma famille ; plus encore, je fuirai des racines désormais trop lourdes à porter, dussé-je les arracher et en trouver d'autres ailleurs. Du moins c'est ce que je me disais à l'époque. Mais le jour où, à vingt et un ans, j'annoncerai mon homosexualité à ma famille, ces « racines » familiales me sauteront de nouveau à la figure. Ce jour-là, j'avais préparé un sac que j'avais rangé dans le coffre de ma voiture, pensant que je ne passerais pas la nuit chez mes parents, qu'ils refuseraient désormais de me considérer comme leur fils. Pourtant, ils ont fini par m'accepter tel que je suis.

C'est après avoir pris pleinement ma place au sein de ma famille que je commencerai de nouveau à repenser à mon enfance ; à celui que j'étais aux jours de ma vie où il n'y avait que moi : pas de sexualité ni de genre consciemment assumés. Je me sentais entre les filles et les garçons. J'étais très androgyne et mon prénom usuel était encore

____

119. RUMI, *op. cit.*

Lotfi[120]. Du fait de cette androgynie prononcée, les gens ne savaient pas si j'étais une fille ou un garçon. Cela me faisait rire parce que j'étais habitué à être stigmatisé par rapport à ces questions-là. Tant que cela n'était pas violent, même à l'école, je trouvais cela plutôt gérable au quotidien. Après mes dix ans, en plus de mes questionnements identitaires liés à mes origines nord-africaines, j'ai entamé, sans trop savoir pourquoi à l'époque, une recherche identitaire qui m'a mené tout naturellement vers la religion ; cela n'était pas uniquement une fuite en avant. J'y trouvais également mon équilibre. J'avais soif de spiritualité. Mais durant plusieurs semaines après l'acceptation de mon homosexualité, tous les souvenirs refoulés remonteront à ma mémoire : les tensions sexuelles envers un camarade, les rêves érotiques, mon amour « fraternel » pour Djibril qui fut en réalité mon premier amour. Dans l'ensemble, je suis plutôt chanceux : tout le monde ou presque m'a accepté tel que je suis. Il faut dire que j'ai tout fait pour : j'ai travaillé et étudié comme un fou, malgré ma contami-

---

120. Je ferai ajouter Ludovic lors de ma naturalisation, tout en gardant Mohamed Lotfi sur mon passeport algérien, afin de bien surligner un double apport culturel qui m'aura tant écartelé ; je ferai d'ailleurs une demande de naturalisation, car bien qu'ayant quitté l'Algérie à peine âgé d'un an, je n'étais pas assez français pour l'administration hexagonale de l'époque. Il y avait aussi très certainement le fait de vouloir définir ce que devait être un « Arabe » de France ; je ne me sentais pas véritablement français. Puis peu après mes vingt ans, de retour d'un voyage linguistique aux États-Unis, c'est là que j'ai fini par demander la nationalité française, et j'ai même demandé que l'on francise l'un de mes prénoms – même si je suis très fier de mes trois origines ethniques principales : iranienne, nord-africaine et européenne –, convaincu désormais qu'il faudrait me battre pour exister ici et nulle part ailleurs.

Des ténèbres du harem du père, vers la Lumière de l'unicité

nation au VIH. Sans doute aussi voulais-je « remplir » les années avant qu'il ne soit trop tard ? Je me suis beaucoup investi dans l'associatif également ; cela m'aura permis de comprendre que je pouvais être « quelqu'un de bien ». Mais malgré tout, très peu de gens comprennent qui je suis réellement, ou plus exactement, « ce que » je suis : un homosexuel et un musulman, les deux fondus en quelque sorte en un seul et même individu qui tente, lui, de ne pas sombrer dans la schizophrénie, le clivage.

Je suis un chanceux, car je suis heureux de vivre et je pense avoir accompli, au moins en partie, la part de la tâche qui m'incombe ; et cela, malgré les discriminations successives, en raison de mes origines, de ma sexualité, de mon statut sérologique et aujourd'hui d'un islam que j'affiche publiquement, même si je préférerais qu'il en soit autrement. Aujourd'hui, je pense être vraiment en paix avec moi-même. Je pense être définitivement sorti du *Harem*. En arabe, ce lexème peut signifier à la fois « enceinte inviolable », « maison du père », ou encore – selon la prononciation – « pratiques illicites ». J'ai grandi dans une maison familiale qui ressemblait à plus d'un titre à un véritable harem ottoman ; du moins durant les très nombreuses vacances au « bled », dans la maison de ma grand-mère paternelle. Je revois là mon grand-père, après avoir travaillé toute sa vie, finir paisiblement ses jours sur un tapis de prière au coin du feu. Ma grand-mère, elle, souvent après la prière du matin que nous avions l'habitude d'effectuer ensemble, récitait ses *dhikr* – ses « invocations » soufies – que mon grand-oncle lui avait enseignées. Mon arrière-grand-mère vivait en bas, ma tante divorcée et ses filles en haut. Les salons de la maisonnée étaient réservés aux invités les plus prestigieux. Nous profitions des pièces communes, des terrasses, de la cuisine en extérieur et du jardin pour nos moments de convivialité ; j'étais le plus souvent avec ces femmes qui détenaient les clefs de la demeure du père et qui étaient – sans doute est-ce dû également au caractère des femmes de ma famille – le véritable centre du pouvoir dans la maison de mon grand-père.

Ma grand-mère fermait à clef les portes des pièces importantes ; avec l'âge, elle est devenue la véritable maîtresse des clefs, la régente de la vie et de la mémoire de mes aïeux, la gardienne du Temple. En fonction du rang social des invités et de la considération qu'elle leur portait, elle ouvrait tel ou tel salon afin de les recevoir. Parfois, elle les recevait tout simplement dans le patio de l'entrée. Mon arrière-grand-mère montait du rez-de-chaussée où elle logeait tous les soirs afin de nous raconter une histoire tirée, disait-elle, des *Mille et une nuits* qu'elle nous disait connaître par cœur. Mon histoire préférée était celle de *Loundja beit al-ghoul* – « Loundja, la fille du loup ». Ma tante maternelle elle, nous racontait souvent l'histoire de sa folle jeunesse, entre tradition et libération : l'histoire d'une jeune femme qui fera tout afin que ses propres filles n'aient pas à vivre ce qu'elle, dans la maison du père, a dû vivre. Elle qui portait le *hayek*, ce voile d'un blanc immaculé qui recouvrait le corps et le visage de toutes les Algéroises, ou presque, de cette

Des ténèbres du harem du père, vers la Lumière de l'unicité

époque-là ; elle qui ne pouvait sortir au balcon sans ce que l'on appelait communément le *bou 'wouina*, puisque le *hayek*, sorte de burqa, ne devait laisser voir qu'un œil et un seul de ces « filles de bonne famille ». Ma tante paternelle sera mariée à vingt ans. Elle découvrira alors le twist et les coiffures « branchées » des années yé-yé. Elle divorcera quelques années plus tard et devra élever seule ses trois filles. Cette histoire-là aussi fera partie de mon imaginaire d'enfant qui guidera chacun de mes pas hors de l'enceinte du tabou bâti autour de la sexualité.

Comme le raconte très bien l'Algérienne Assia Djebar – dans son livre autobiographique *Nulle part dans la maison de mon père*[121] –, c'est un exode, un arrachement du sein de ma mère qui est sans retour, hors des murs du patriarcat. Ce retour à un âge idéalisé par les années m'est impossible en tant qu'individu et il est impossible, ici en Occident au XXIe siècle – bientôt aussi en Orient, dans les pays arabes – pour tous ceux de mon « espèce ». Aujourd'hui, les individus appartenant à une minorité sexuelle sans l'avoir choisie, mais en y ayant activement participé toutefois, vivent dans une société dite « libertaire » certes, mais où les « autres », très probablement en raison du contrôle social que nous exerçons d'ordinaire en société[122], veulent à tout prix savoir qui nous sommes, d'où nous venons, quelles sont nos pratiques sexuelles,

---

121. DJEBAR (Assia), *Nulle part dans la maison de mon père*, Paris, Fayard, 2007.
122. JOULE (Robert-Vincent), *Petit traité de manipulation à l'usage des honnêtes gens*, Grenoble, Presses universitaires de Grenoble, 2004.

Le Coran et la Chair

etc. C'est comme si la société nous donnait le droit de faire et d'être ceux que nous voulons, pourvu qu'elle sache qui nous sommes avec force détails, avec, si besoin est, un retour à un contrôle social un peu plus, disons... pressant.

Je suis un chanceux, d'un certain point de vue, à n'en pas douter ; autrefois je pensais l'islam, et par conséquent mon rapport au corps et à la sexualité, de manière étriquée, stéréotypée, exclusive. Je ne pensais avoir le choix qu'entre deux options : le silence ou la mort sociale, sinon pire. Je viens de tenter de retracer à travers cet ouvrage la façon dont je me suis extirpé, pas à pas tel un enfant apeuré, du harem du père, en me réappropriant mon héritage cultuel, intellectuel, citoyen. Aujourd'hui, tout me porte à croire que je ne suis pas moins digne d'*être humain* que d'autres, au vu de l'axiologie et de l'esprit de l'islam. Pourtant, j'ai fui des années durant ma foi, avant de comprendre qu'elle était partie intégrante de mon identité ; ma foi coule à travers moi de manière plus vive par moments que le propre sang de mes veines. Aujourd'hui, ce sang-là ne me brûle plus. Ma foi ne me consume plus, ne me torture plus en raison de ce que je suis. C'est une victoire amère mais une victoire à n'en pas douter, puisque je l'ai obtenue après maints combats et maints sacrifices où j'ai parfois pensé devoir brûler une partie de moi-même pour parvenir à passer « de l'autre côté » de mon existence ; une « autre rive » imaginaire, une illusion morbide, immature. J'ai le sentiment d'avoir mérité le respect de la plupart de mes pairs et, plus important encore, le respect de moi-même. Je pense qu'il est essentiel de comprendre que l'homosexualité n'est pas un cas à part ; c'est bien au contraire *le* cas de figure qui permet d'explorer l'axiologique islamique sans concession. L'homosexualité ne me permet pas de porter des revendications particulières ; elle me permet d'adresser, de manière incandescente, des problématiques qui concernent l'ensemble des musulmans de France, et au-delà même, l'ensemble de nos concitoyens. En cela, la problématique posée par l'homosexualité au sein de l'islam permet d'adresser la question fondamentale du rapport à l'autorité religieuse, au dogme, et par conséquent à la liberté de disposer de soi-même et de définir son identité, encore une fois sans concession, ni compromission, ni soumission. Ainsi, à partir de mes réflexions personnelles, sur lesquelles j'ai construit différentes actions et initiatives citoyennes très concrètes et pour certaines indispensables, je pense aujourd'hui que nous, qui appartenons à quelque minorité que ce soit, n'avons plus le choix à mon sens que de nous assumer, d'être visibles, de faire valoir nos droits en sortant – chacun à son propre rythme, à sa façon propre – de la pénombre et des ténèbres parfois confortables du harem, afin de pénétrer, la tête haute et la face exposée, en pleine Lumière[123].

------

123. En référence au verset : « Allâh est la Lumière des cieux et de la terre.Sa lumière est semblable à une niche où se trouve une lampe. La lampe est dans un récipient de cristal, Celui-ci ressemble à un astre de grand éclat ; Son combustible vient d'un arbre béni : Un olivier ni oriental ni occidental, Dont l'huile semble éclairer sans même que le feu la touche. Lumière sur lumière. Allâh guide vers Sa lumière qui Il veut. Allâh propose aux hommes des paraboles et Allâh est Omniscient. » Coran (Sourate Al-Nur / la Lumière) : 24.35.

TABLE DES MATIÈRES